JN033581

大学生のための
経済学の実証分析

千田亮吉　加藤久和　本田圭市郎　萩原里紗 著

日本評論社

　著者らは大学や大学院の学生を相手に、計量経済学や実証分析などを教える
傍ら、ゼミ活動では、学生がデータ分析をもとにした政策論文を書く際のアド
バイスをしてきました。学生たちもデータ分析の重要性をわかっており、また
政策形成などでは実証的な証拠（エビデンス）が必要であることを理解してい
ます。しかしながら、学生たちは、どのように論文を書けばいいのか、どのよ
うな分析があり、それらをどう使っていけばいいのか、さらにはデータをどこ
から集めるのか、集めたデータを分析するためのソフトウェアにはどんなもの
があるのか、など多岐にわたる疑問の壁にぶつかることになります。

　論文の書き方や計量経済学や実証分析の手法、ソフトウェアの使い方などは
それぞれについて立派なテキストがあり、その中にはずっと読み継がれてきた
ようなものもあります。しかし大学などでの授業や就職活動など、多くの事柄
をこなしていかなければならない学生にとっては、一つひとつのテキストに向
き合うだけの時間がないということも事実です。もちろん、将来研究者やシン
クタンクで働きたい学生は、腰を据えて学ぶことが必要ですが、実証分析に興
味を持つ学生（あるいは若い社会人）にとっては、1冊で論文の書き方からソ
フトウェアの使い方までを網羅した本が強い味方になるのでは、と考えまし
た。これが本書を執筆する動機になっています。

　冒頭でゼミ活動について言及しましたが、著者ら4人のゼミの学生たちは、
エビデンスに基づいた分析をもとに政策提言論文を作成するISFJ（日本政策
学生会議）に参加するとともに、著者たち自身も様々な役割で支援をしていま

す。ISFJ は学生自らが運営する組織ですから、主に論文の作成や分析などについて学生を指導しています。その際に感じたことは、まさに先に述べたように学生に教えるべきことが山のようにある一方、それをコンパクトに解説したテキストがないということでした。

　学生による政策提言論文作成の活動だけでなく、学部や大学院の学生たちにとっても、データサイエンスや実証分析を学ぶ意欲はあるものの、その取っ掛かりがないという話も日常でよく耳にします。文部科学省では2021年度から「数理・データサイエンス・AI 教育プログラム認定制度」を開始し、多くの大学がこれに参加することも教育のトレンドになっています。しかしながら多くのデータサイエンスの教科書では、いわゆる〝文系〟の学生にとって敷居が高いようにも感じます。「二兎を追う者は一兎をも得ず」と言いますが、あえて述べれば、本書は文系の学生の多くにとってもデータサイエンスや、その分析手法の第一歩となるようなテキストを目指して執筆しています。経済学が中心の記述になっていますが、社会学、政治学、社会心理学などを勉強する学生の皆さんにとっても役に立つ1冊になっているのではないかと思います。

　本書の使い方については、学生の皆さんにとっては自習書や輪読書として、また指導される先生方には講義やゼミでのテキストとしてお使いいただければと考えております。この1冊で実証分析のエッセンスがわかる、ということを念頭に置いて執筆しましたが、それは記述が簡素化されている場合があるということでもあります。参考文献にあるテキストなどで、さらに深く学ぶための入門書として活用していただければと願っております。

2022年12月　冬の駿河台にて

千田亮吉・加藤久和・本田圭市郎・萩原里紗

● 目　次

はしがき　i

序　章　いま、実証分析が求められている —————————— *1*

0.1 実証分析とデータサイエンス　*1*
　　イメージとしての実証分析　*1*　　データサイエンスと実証分析　*2*　　EBPM
　　と実証分析　*4*　　実証分析とパソコン／プログラミング　*4*

0.2 大学教育における実証分析　*5*
　　理論と現実の橋渡し　*5*　　ゼミ活動／アクティブラーニングと実証分析　*6*
　　政策提言論文への挑戦　*7*

0.3 本書の構成と学び方　*8*
　　ブラックボックスでどこまで？　*8*　　数学の学習　*9*　　本書の構成　*10*
　　読書案内　*11*

　　参考文献　*11*

第1章　実証分析の論文はどう書けばいいか —————————— *13*

1.1 論文を書くということ　*14*
　　何のために論文を書くのか　*14*　　論文に実証分析はなぜ必要か　*15*　　論文
　　を書く前に　*17*

1.2 リサーチクエスチョンの探索　*20*
　　テーマの選定　*20*　　リサーチクエスチョンとは　*22*　　リサーチクエスチョ
　　ンをいかに引き出すか　*23*

1.3 実証分析論文の構成　*25*
　　論文にどのように流れを加えるか　*25*　　論文の構成について　*27*

1.4 論文作成の Tips　*33*
　　文章の書き方　*34*　　論文作成の形式的なルール　*35*

　　参考文献　*39*
　　ウェブ上の参考文献　*39*

第2章　実証分析のカタログ（Ⅰ）———————— 41

2.1　仮説や理論をどう検証するか　*41*
　　様々な種類のデータ　*42*　　関係性の分析(1)相関　*43*　　関係性の分析(2)回帰分析　*46*

2.2　統計学と計量経済学の大雑把な入門　*50*
　　統計学の見取り図　*50*　　実証分析で必要な確率分布の基礎　*54*　　計量経済学の見取り図　*56*

2.3　回帰分析のはじめの一歩：結果をどう解釈すればいいか　*59*
　　回帰分析と統計的検定　*59*　　回帰分析の結果を読む：具体的な例をもとに　*61*　　標準的な仮定からの逸脱　*65*　　その他の最小二乗法での有用なツール　*67*

　　参考文献　*70*

　　ウェブ上の参考文献　*70*

第3章　実証分析のカタログ（Ⅱ）———————— 71

3.1　はじめに　*71*

3.2　二項選択モデル　*74*
　　線形確率モデル　*74*　　二項選択モデルの理論的背景　*77*　　最尤法による推定　*79*　　ロジットモデル　*81*　　プロビットモデル　*81*　　限界効果の計算方法　*81*　　実証分析例　*83*

3.3　順序選択モデル　*84*
　　順序選択モデルの説明　*84*　　実証分析例　*85*

3.4　多項選択モデル　*86*
　　多項ロジットモデル　*88*　　多項プロビットモデル　*88*　　実証分析例　*89*

3.5　トービットモデル　*91*

3.6　サンプルセレクションモデル　*92*
　　サンプルセレクションバイアス　*92*　　Heckman の二段階推定　*94*　　実証分析例　*94*

　　参考文献　*96*

第4章　データの集め方———————————————— 97

4.1　データにはどのようなものがあるのか　*97*
　　全数調査と標本調査：母集団と標本　*98*　　集計の仕方別に見たデータの種類　*98*　　構造の違い別に見たデータの種類　*100*

　4.2　データはどこからどのように集めればいいのか　*102*
　　　提供されているデータ　*103*　　承認のいるデータ：データの申請から返還・削
　　　除までの作業について　*115*　　匿名データの利用にあたって：個人情報保護の
　　　強化　*117*　　自らがデータを収集する方法：アンケートによるデータの入手
　　　118
　参考文献　*127*

第5章　データの利用方法 ——————————————————————— *129*

　5.1　データの組み合わせ・加工イメージ　*129*
　　　度数分布表　*130*　　ヒストグラム　*131*　　基本統計量：データの中心と散ら
　　　ばり　*131*　　クロス表　*135*　　散布図　*135*
　5.2　マクロデータでよく用いられる統計指標　*136*
　　　構成比　*137*　　前期比増減率　*137*　　寄与度・寄与率　*137*　　指数　*138*
　5.3　データの維持管理：データベースの構築　*139*
　　　データベースの作り方　*139*
　5.4　分析前のデータ処理　*142*
　　　個人情報を適切に利用するために必要なこと：匿名化　*144*　　特殊なケースへ
　　　の対応　*145*　　単位の変換　*146*　　複数のデータセットの接続・統合　*150*
　　　サンプルに偏りがある場合の修正方法　*151*
　参考文献　*152*

第6章　ソフトウェアの使い方の入り口 ————————————————— *153*

　6.1　ソフトウェアを使った分析の流れ　*153*
　6.2　ソフトウェアの種類と違い　*154*
　6.3　データの加工　*157*
　6.4　ソフトウェアごとの特徴と操作例　*159*
　　　Excel　*159*　　gretl　*161*　　Stata　*163*　　R　*166*　　Python　*169*
　6.5　ソフトウェアの比較と推奨ソフトウェア　*172*
　参考文献　*173*

第7章　政策の効果検証のための手法（基礎編）————————————— *175*

　7.1　社会科学データを分析する際の注意点と「因果推論」　*175*
　7.2　実証分析をするうえで発生しうる問題点　*177*
　　　様々な状況や要素をコントロールできていない　*177*　　逆の因果関係の存在

　　　　178　　観測不可能な要素の存在　*179*　　不適切な比較対象の選定　*180*

7.3　発展的な手法　*181*
　　操作変数法　*181*　　パネルデータ分析　*185*　　差分の差分法　*189*　　マッチング　*192*

7.4　発展的な手法を用いる際の分析手順　*195*

7.5　発展的な手法を統計ソフトで実行するための参考書籍　*196*

参考文献　*197*

第8章　政策の効果検証のための手法（発展編）――――――*199*

8.1　費用便益分析における価値の測定　*200*
　　仮想評価法　*201*　　ヘドニック法　*204*

8.2　コンジョイント分析　*206*

8.3　マクロ時系列データを用いた計量分析　*209*
　　同時方程式モデルにおける識別問題　*210*　　同時方程式モデルにおける個別方程式の推定　*214*　　マクロ計量経済モデル　*215*

8.4　VAR モデルを用いた政策評価　*216*
　　定常時系列と非定常時系列　*216*　　自己回帰過程（AR〔autoregressive〕過程）　*218*　　VAR モデルによるグレンジャー因果性の検証　*218*　　VAR モデルにおける構造ショックの識別　*219*　　インパルス応答関数と分散分解　*222*　　VAR モデルの実例　*223*

8.5　時系列データを用いた場合の注意点　*224*
　　非定常過程　*224*　　単位根の検定　*225*

参考文献　*227*

索　引　*229*

序章　いま、実証分析が求められている

　本書は、実証分析を手がけようと考えている大学生・大学院生や、新たにデータ分析を学びたい社会人を対象として書かれたものです。実証分析と言うと何か難しいイメージを思い浮かべるかもしれません。統計学や計量経済学の話題がたくさん出てきますから、なかなか寝転んで読むような本ではないかもしれません。しかし、データを使って経済社会を読み解き、それに基づいて論文やレポートを書くことを目指す人には、どうしても避けて通れない難路もあります。昔から「学問に王道なし」と言われるように、実証分析を学ぶには地道な努力も必要です。しかし、一人旅では道に迷うこともあります。

　本書の目的は、実証分析を学ぶ旅人の羅針盤やガイドブックになることです。まずは、実証分析を取り巻く状況や学部教育における実証分析の扱い、それに本書全体の見取り図を示すところから始めたいと思います。

0.1　実証分析とデータサイエンス

イメージとしての実証分析

　実証分析と聞いてどんなイメージを持つでしょうか。詳細な内容は本書を読み進めれば次第に理解してもらえると思いますが、まずは「実証分析」という言葉から連想されるものを挙げてみましょう。

　多くの皆さんは〝統計〟あるいは〝統計学〟を最初に思い浮かべるのではないでしょうか。それに加えて、計量経済学という名称も出てきたので、経済デ

ータを分析するのかな、というところかもしれません。データの分析にはパソコンが必要だし、インターネットやエクセルなどの知識も必要だ、と想像を巡らせた読者もいると思います。これらはすべて〝当たり〟です。これに加えて、「論文を書く」という作業も加わってきます。本書の役割を一言で述べれば、こうしたイメージを具体化し、深めていくことです。

　ではなぜ実証分析なのでしょうか。本書の4人の著者のバックグラウンドは経済学ですから、それぞれの著者が行う実証分析の対象は、おのずと経済学と関連の深い分野となります。経済学には実際の事象がどのようなものであるかを研究する**事実解明的分析**と、望ましい状況を実現するために必要な政策などを研究する**規範的分析**があります[1]。事実解明的分析では理論とそれを裏付ける事実を集めることが必要になります。その事実はまさにデータです。つまり、経済学における事実解明的分析に則り、事実をデータで明らかにすることが実証分析の目的となります。そのため実証分析を志す者は、データのハンドリングや分析の仕方を学ぶ必要があるのです。これは経済学だけではなく、社会科学一般に通用することでもあります。

データサイエンスと実証分析

　データのハンドリングやその分析手法は、近年注目を集めている**データサイエンス**と密接に関連しています。データサイエンスは「データを処理・分析し、データから有益な情報を取り出す方法論」（北川・竹村〔編〕〔2021〕巻頭言）などと定義されています[2]。このことはまさに実証分析が目指すものと同じであり、したがって実証分析とその具体的な手法である計量経済学は広い意味でのデータサイエンスの1つとも言えます。もちろん経済学や計量経済学は独自の存在意義を持っていますので、データサイエンスの一分野というわけではありませんが、実証分析に習熟することは、同時にデータサイエンスの理解にもつながると言えます。

　データサイエンスは現在を生きる私たちにとって不可欠な学問となっていま

---

1) 鈴村（2016）などを参照してください。
2) 椿（2020）も参考になります。

す。データサイエンスの土台となる統計学がブームとなったことを覚えている人もいるのではないでしょうか。正直に申せば、あの難解な（と一般的に思われている）統計学がブームになるなど、著者には想像もできませんでした。きっかけは西内啓氏の『統計学が最強の学問である』の出版だったとも言われています（西内〔2013〕）。しかし統計学、あるいはデータサイエンスの重要性が世の中に徐々に浸透し、AIやビッグデータといったキーワードが巷にあふれ、未来はデータ分析なしには訪れない……などのイメージがしっかり根付いてきたこともその背景にあるでしょう。

　データサイエンスの盛り上がりにはいろいろなエピソードがありますが、世界的に有名な経済学者（かつ有名なミクロ経済学のテキストの著者）であるハル・ヴァリアンがGoogleのチーフ・エコノミストに就任した後、2009年に「今後10年で最もセクシーな職業は統計学者だ」と発言したことは大きな反響を呼びました。

　経済社会の動きも敏感です。日本のように少子高齢化が進行し、若年の労働力が減少するとされる中ではAIやロボットに対する期待も高くなります。また、持続的な経済成長を維持するには生産性の向上も欠かせませんが、そのための人材に不可欠な素養としてデータサイエンスが取り上げられることが増えました。政府も「Society 5.0」（AIやIoT、ロボット、ビッグデータなどの革新技術をあらゆる産業や社会に取り入れることにより実現する新たな未来社会を指す[3]）やDX（デジタルトランスフォーメーション：IT技術の普及・浸透で生活をより良いものへと変革させるという考え方）を掲げています。

　この本を手にした皆さんも、こうした問題意識を頭の片隅に持っているのではないでしょうか。しかし、そのために何をどのように学べばいいのか、となると、なかなかその先が続きません。そこで実証分析！です。経済学や経済学に関連する学問を学んでいる主として社会科学系の学生や、こうした学部を卒業した社会人がデータ分析などに接近するきっかけとして、実証分析があるのです。

3）経団連ホームページ（https://www.keidanrensdgs.com/society-5-0-jp）より（内閣府などの解説はやや難しいので、こちらを引用しました）。

EBPM と実証分析

　実証分析が大事だとする見方は、AI やビッグデータなどの未来志向の要因からだけではありません。政府による経済・社会政策や企業の効率的な戦略の立案にも、データ分析が欠かせません。そんなことは当たり前だと思われるかもしれませんが、これまでは客観的なデータではなく、主観的な〝経験と勘〟に頼った政策や戦略がしばしば行われてきました。近年、EPBM（Evidence-based Policy Making：証拠に基づく政策立案）が注目されています。内閣府の定義では、「政策の企画をその場限りのエピソードに頼るのではなく、政策目的を明確化したうえで合理的根拠（エビデンス）に基づくものとすること」であり[4]、そのためには政策効果の測定に必要な統計などのデータ活用が欠かせません。実証分析はこの効果測定に欠かせない手法でもあるのです。

　政策だけではありません。医療の世界でも当然のように EBM（Evidence-based Medicine：証拠に基づく医療）が提唱されています。伝統的な医療では個人の経験や勘に頼った治療などが当たり前に行われてきたのですが、証拠に基づいた治療の重要性が認識され始め、そのために医療データを重視する傾向が顕著になりつつあります。新型コロナウイルスの予防や治療でも盛んにデータ解析が行われていることは皆さんもご存じでしょう。ちなみに医療分野では、統計学の素養がとても大事であるとされています。

実証分析とパソコン / プログラミング

　実証分析やデータサイエンスは膨大なデータを利用しますから、紙と鉛筆を用いて、というわけにはいきません。パソコン（PC）やインターネットを駆使して分析を行います。若い読者の皆さんには簡単に見えるかもしれませんが、そのためには目的に沿って準備された教育と訓練が必要です。プログラミングもその 1 つです。

　インターネットのブラウザやワードなどの PC ソフトは必要な機能を GUI 形式（PC の画面上のアイコンやメニュー、ボタンをクリックして指示を与え

4）「内閣府における EBPM への取組」（https://www.cao.go.jp/others/kichou/ebpm/ebpm.html）より。

る形式）で提供していますが、これはある程度決まり切った操作しか必要としないからです。そのように PC などを便利にすることが GUI 形式の利点でもあるのですが、データ分析や実証分析の現場では決まった手順がなく、試行錯誤的な思考方法が必要になります。すなわち、データ分析の現場ではメニューに頼るのではなく、自分の考え方を展開していく必要があります。

　データ分析を試行錯誤的に自由に進めて行くには、一定程度のプログラミングの知識が必要になります。プログラミングと言えば、小学校ではすでに2020年度から導入されています。これも、未来の人材にとってデータサイエンスやその実践的な手法としてのプログラミングの習得が大事だということを示している証左でしょう。プログラミングをきちんと学ぶには専門的な学習が必要になりますが、実証分析を通じて、実際にプログラミングに馴染む機会を持っていただければ、とも期待しています。

　いろいろ述べてきましたが、まとめると、実証分析に挑戦することで、①データサイエンスの考え方に触れられ、② EBPM などの考え方が習得でき、③データ処理やプログラミングの経験ができるのです。

0.2　大学教育における実証分析

理論と現実の橋渡し

　大学に入学したばかりの学生が戸惑うことの1つは、大学で習う理論的なことがどれだけ現実社会とマッチしているのか、ということではないでしょうか。経済学を例にとってみると、大学1年次でミクロ経済学やマクロ経済学の理論を学ぶと思います。経済学の理論の多くは、ある仮説から出発して論理を推し進めていくという**演繹的**な構造になっています。そのため理論と現実の間に何か溝があるのではないかという不安に陥ることもあります。もちろん、現実の事象を観察しそこから様々な知見を得るという意味での**帰納的**な内容もありますし、日本経済論など現実の経済事象を解説するための授業もあります。しかし、理論と事象をどう橋渡ししていくかということは、経済学を教える先生方だけでなく、これを学ぶ学生の皆さんにとっても大事な課題です。

　経済学部などでは統計学や計量経済学といった科目を通じて、理論と現実の

橋渡しを目指して授業をしている先生方も多くいらっしゃいます。一方、学生の立場からすると、ミクロ経済学と計量経済学の関係性についてしっかり意識している人は少ないのではないかと危惧します。例えば、ミクロ経済学で習う需要関数が実際に存在しているのかどうか、あるいは費用関数が本当に逆 S 字型になっているのかどうか、等々は計量経済学のツールを用いれば容易に確認できますが、その関係性まで深めて理解することは、とりわけ入学したばかりの大学生にとってはいささか困難です。

　実証分析はまさにこの理論と現実の橋渡しをするためのものです。学生の皆さんがこの橋渡しを経験することで、経済学で教えられている理論に対する理解が進み、また計量経済学などの学問に対する関心も高まっていくのではないかと思います。リンゴでもミカンでも何でもいいのですが、教科書で引用される需要関数の事例を実際に計測することで、ミクロ経済学の面白さを理解する一助になるのではないでしょうか。

ゼミ活動 / アクティブラーニングと実証分析

　理論と現実の橋渡しは、教えられて身につくものではなく、体感して経験することが大事だと考えています。このことを学生が能動的に実践するにはゼミナール活動が最適です。近年、アクティブラーニングが重視されていますが、大規模な教室で学んだ計量経済学などの手法を用いて、少人数のゼミ活動で実証分析を進めることはアクティブラーニングの実践としても適切だと考えられます。

　初めて実証分析を行う学生の皆さんにとって、独りで実証分析に挑戦することは少々荷が重いと思います。仮説を設定し、データを集め、分析を進める、という一連の作業を、先生の助言があるにしても独りでやり抜くのは大変です。ゼミの仲間と共同で進めることでこうした困難な点を乗り越えられます。

　共同で実証分析の進め方が体得できれば、次はその経験を卒業論文の執筆にもつなげていくことができるでしょう。著者のゼミではこうした経験で経済学の面白さに目覚めて、さらに大学院に進む決意をした学生もいます。学生の皆さんにはぜひ、先生やゼミ仲間と相談して、実証分析の経験を積んでもらえたらと願っています。

政策提言論文への挑戦

　本書の著者4人のゼミの学生は、ISFJ（日本政策学生会議）という政策論文コンテストに参加しています。本書を執筆するきっかけも、ISFJ に参加する学生が実証分析に挑戦する参考になればいいな、ということでした。ISFJ は学生が運営して、参加する学生に実証分析を伴う政策提言論文の作成と発表の場（中間報告会や政策フォーラム）を提供しています。また発表の場では、各分野の専門家の方々にも厳しいコメントをもらうことができます。すでに ISFJ の歴史は25年を超え、2020年度では全国20大学から36のゼミナール（研究会）が93の論文を発表しています。論文の作成では、EBPM の考え方を貫き実証分析が必須となっています。その実証分析の水準も年とともに上昇していて、修士論文以上の高いレベルの研究も多数あります。また、ISFJ の最大の目的は政策提言にあるので、毎年ユニークな政策が、幅広い分野で提言されています[5]。

　政策提言論文を作成するには、経済社会に対するアンテナを張って問題意識を醸成するところから始まります。その後、現状分析を行ってデータを集め、実証分析を行いますが、その際には ICT を活用する必要があります。論文の進め方はロジカルでなければなりません。最後の政策的アイデアをひねり出すのも大変です。こうした一連の作業を論文という形でまとめ上げ、さらにパワーポイントなどを使ってプレゼンテーションを行うとともに、専門家からの質問にも的確に対応していくことも要求されます。これらは、高等教育の場で学ぶべき一連の素養に通じるものです。

　近年では ISFJ 以外にも多くの実証分析論文のコンテストがあります。老舗のコンテストの1つに「日銀グランプリ」があります。これは日本銀行が主催するもので、金融や経済などに関して小論文を執筆し、プレゼンテーションを行うコンテストです。慶應義塾大学パネルデータ設計・解析センターでは、センターが所有するパネルデータを用いた、学生による実証分析論文コンテスト「JHPS AWARD」を開催しています。さらには総務省統計局や（独）統計セン

5）ISFJ と実証分析などについては、赤井・千田（2020）、加藤（2020）、経済セミナー編集部〔編〕（2022）を参照してみてください。

7

ターなどでは高校生、大学生などを対象に、地域別の統計をまとめたSSDSE（教育用標準データセット）を用いた統計データ分析のコンテスト（「統計データ分析コンペティション」）を開催しています。以下にこれらの論文コンテストのホームページのURLを掲げておきましたので、興味のある方はのぞいてみてください（いずれも2021年8月20日現在です）。

- ISFJ（日本政策学生会議）（http://www.isfj.net/）
- 日銀グランプリ（https://www.boj.or.jp/announcements/nichigin_gp/index.htm/）
- 慶應義塾大学パネルデータ設計・解析センター（https://www.pdrc.keio.ac.jp/award/）
- 統計データ分析コンペティション（https://www.nstac.go.jp/statcompe/index.html）

0.3 本書の構成と学び方

ブラックボックスでどこまで？

　実証分析を行う場合に必要な知識は非常に多岐にわたります。分析対象や先行研究に関する知識以外に、その分野の理論、統計学・計量経済学、データ、使用するソフトウェアなどに関して学習しなければなりません。ただ、最近のソフトウェアは大変よくできていて、分析方法についての知識がなくても結果を出すことはできますし、結果の解釈まである程度示してくれます。例えば、Rというフリーソフトではデータを読み込みさえすれば、そこから2行くらいで結果を出せて、さらに結果には変数の影響の有無を示す印まで付けてくれます。つまり、統計学や計量経済学の知識がほとんどないブラックボックス状態でも分析はできてしまうという環境に、いまはなっていると言えます。

　将来研究者を目指す人、現在大学院で研究をしている人は別にして、学部生の場合はこの環境をうまく利用しつつ、やはり必要最小限の知識は学ぶことが重要です。実証分析の手法の中には繰り返し計算を行っているものも多く、ソフトウェアが計算結果をなかなか表示しない（計算が終わらない）といったこ

とが発生する場合もあります。あるいは何回命令を実行してもエラーが出てしまうということもあります。そのような場合、分析手法についての知識がないと対応できません。

　本書が提供するのは、この必要最小限の知識とそれ以上の知識についてはどこで見分ければいいのかという情報です。先に述べた必要な知識のうち、本書ではその分野の理論以外の事柄を扱っています。

数学の学習

　前項で実証分析に必要な知識を並べましたが、これらの学習のために欠かせない共通の知識は数学です。かなり前ですが、「分数の計算ができない大学生」といった内容の書物がいくつも出版されたことがあります。その頃と比較して状況が改善されているとは思えませんので、数学が苦手な大学生は少なくないでしょう。このような状況については、学生にも高等学校までの教育にも責任はなく、大学に責任があります。現在多くの私立大学の文系学部では数学が必修ではありません。これは、大学が「数学の知識はいりませんよ」と宣言しているのと同じです。

　ところが、実証分析をやりましょう、ということになると、どこでも数学が顔を出します。大学入試の現状を嘆いていても始まらないので、数学の知識不足を補う工夫をしましょう。「高校の教科書からやり直す」というのは真っ当な方法に思えますが、普通の人はたぶん途中で挫折します。あまり真っ当ではないですが「必要なところだけつまみ食い」する方が効率的です。例えば、「実質 GDP の対数をとって前年との差を求めると経済成長率になる」ということを理解するには、対数関数とその微分がどうなるかという知識だけでほぼ十分です。高校の教科書に当たるのもよいですが、次の本は大変便利です。

• 尾山大輔・安田洋祐〔編著〕『[改訂版] 経済学で出る数学：高校数学からきちんと攻める』日本評論社、2013年

経済学への応用を意識して書かれていますので、非常に使いやすいと思います。対数関数を勉強するついでに、指数関数も勉強しておけば、あとできっと役に立ちます。

また、最後まで読み通せる本も紹介しましょう。

● 田中久稔『経済数学入門の入門』岩波新書、2018年

岩波新書の「入門の入門」シリーズはどれも大変楽しく読めますが（他にはミクロ経済学とゲーム理論があります）、この本も非常に楽しく読めるでしょう。最後は動的計画法という上級の話題も紹介されています。また。最初にこの50年間の経済学の変化を、*American Economic Review* というトップジャーナルに掲載されている論文を紹介しながら解説しています。現在は個別・具体的な問題に関する実証分析が中心になっているということがわかります。

本書の構成

　本書は、実証論文の書き方、実証分析の手法、データの収集方法、ソフトウェアの使い方、それに応用編として政策の効果検証の手法について解説しています。データを用いて経済分析を行うには、その前提として実証分析を念頭に置いた論文の書き方というものを知る必要があります。第1章ではこれについて述べています。

　第2章と第3章は、実証分析を行ううえで必要かつ重要な手法について整理したものです。もちろん実証分析の手法の詳細を述べるには紙幅が限られていますから、カタログという形でまとめています。さらに学ぶには参考文献などにあるテキストなどを参照してください。

　第4章、第5章はデータの収集やその整理のしかたを説明しています。計量経済学などのテキストではやや見過ごされがちなところですが、実証分析ではとても重要な箇所です。さらに、第6章では実証分析に用いるソフトウェアの解説です。いまや複雑な計量分析もソフトウェアの普及によって身近なものになっています。言い換えると、ソフトウェアの使い方は実証分析のために必要不可欠なものとなっています。

　第7章と第8章は政策分析をするために、知っておきたい政策効果の検証方法について述べています。近年では実証分析において必須の知識となった因果推論の概要や、政策効果の検証を行うための様々な手法です。特に後者は統計学や計量経済学のテキストでは取り上げられることが少ないものの、しかし幅

広く使われている手法などを紹介しています。

読書案内

　最後に、本書と並行して参照していただきたい文献を紹介します。いずれも、雑誌『経済セミナー』の増刊号および通常号と、通常号の特集をまとめた書籍です。

- 経済セミナー編集部〔編〕『［新版］進化する経済学の実証分析』日本評論社、2020年

2016年の旧版から4年後には新版が出版されるほど、実証分析の進化は速いということです。実際に実証分析論文を執筆するときに、個別分野の紹介が参考になりますし、アプローチの方法もいろいろあるということを知ることもできます。

- 『経済セミナー（No.715）』特集「経済論文の書き方［実証編］」2020年8・9月号、日本評論社
- 『経済セミナー（No.721）』特集「経済論文の書き方［はじめの一歩編］」2021年8・9月号、日本評論社
- 経済セミナー編集部〔編〕『経済論文の書き方』日本評論社、2022年

いずれも学部生が論文を書く際に参考になる記事や座談会が掲載されています。本書の4人の著者も登場していますので、ぜひご一読ください。

参考文献

赤井伸郎・千田亮吉（2020）「対談：ISFJ の活動から見る経済論文を書くコツ」『経済セミナー（No.715）』2020年8・9月号、8-18頁。

加藤久和（2020）「近年の実証分析の動向と学部教育」『経済セミナー（No.715）』2020年8・9月号、19-23頁。

北川源四郎・竹村彰通〔編〕（2021）『教養としてのデータサイエンス』講談社。

経済セミナー編集部〔編〕（2022）『経済論文の書き方』日本評論社。

鈴村興太郎（2016）「規範的経済学の対象・方法・情報的基礎：イントロダクション」『経済

　研究』第67巻第 2 号、97-106頁。

椿広計（2020）「システム科学とデータ科学」『横幹』第14巻第 1 号、64-69頁。

西内啓（2013）『統計学が最強の学問である』ダイヤモンド社。

第1章 実証分析の論文はどう書けばいいか

　本書を読まれる皆さんの多くは、まとまった分量の〝論文〟を書いた経験は少ないと思います。ましては実証分析の論文を書く、というのではさらに乗り越える壁が高いと感じるかもしれません。まったく何の準備もせずに未知の荒野に挑むなら、それこそその冒険の行く末は悲惨なものになるかもしれません。しかし、きちんとした戦略と装備を身につければ、実証分析の論文を書くことに恐れはいりません。本書の第2章以降では、主としてその装備についての解説になりますが、本章では荒野を無事に乗り切るための戦略を授けたいと思います。

　論文を書くには一定のルール、あるいは〝お作法〟と言ってよいものがあります。やみくもに疑問点を書き連ねたり分析結果を並べたりしても、それは良い論文にはなりません。学術論文などではその内容もさることながら、その書き方のルールも重視されます。もちろんどのような論文が書き方の常識から逸脱しているかという明確な基準があるわけではないのですが、一般的に（あるいは暗黙のうちに）合意されている論文の書き方があります。そうした点を本章で紹介していきたいと思います。さらに、実証分析の論文という特別な性質を持つ論文を書く際の留意点についても説明していきたいと思います。

　なお、本章では大学生や大学院生などを念頭に、経済学を中心とした社会科学における論文を前提として話を進めます[1]。

1.1 論文を書くということ

何のために論文を書くのか

　何を目的として論文を書くのでしょうか。一般に論文（研究論文）とは、これまでにない「新たな知見や発見」を世に問うものです。実証分析の論文は「新たな知見や発見」を、実証分析を通じて示す研究論文であると考えてください。もちろん論文には既存の研究を整理し評価するタイプの論文（サーベイ論文やレビュー論文などと呼ばれます）もありますが、この本の読者の皆さんが目指すのは、まさに研究論文を書くということでしょう。つまり、論文を書く目的は「新たな知見や発見を付け加えること」ということになります。

　ここまで何の説明もなく「実証分析」という言葉を使ってきましたが、この実証分析という言葉の意味について確認しておきましょう。平易な表現をすれば、「理論や仮説が現実の事象をうまく説明できるかどうかを、統計データをもとに検証する」ことを実証分析と定義できるでしょう。また、世界で最もよく読まれている計量経済学の教科書の1つである Wooldridge（2013）では「実証分析では理論を検証する、あるいは関係性を推定するためにデータを用いる」（p.2）と紹介されています[2]。

　さて、新たな知見や発見を問うことが論文を書く目的ですが、しかしこれは簡単なことではありません。実証分析を行って何らかの結果が得られたとしても、それが新たな知見や発見であるかは即座にはわかりません。当たり前ですが、自分が扱っている問題をしっかりと理解したうえで、これまでにその問題がどのように研究されてきたかを知らなければ、自分の研究成果が新たな知見や発見であるかどうかを判断することができないからです。もしかしたらすでに誰かが同じような結果を発表しているかもしれません。つまり、研究対象をしっかり勉強し、どこまで研究が行われているかを把握することは、論文を書

---

1 ）経済論文の書き方に関しては、小浜・木村（2011）やトムソン（2006）などがあります。本章は実証分析の論文の書き方に特化して説明していますが、一般的な論文・レポートなどの書き方についてはこれらの書籍も参考にしてください。

2 ）著者訳。原文は "An empirical analysis uses data to test a theory or to estimate a relationship" です。

くために欠かせないのです。まとめると、①対象としている問題を明確に把握したうえで、②これに対してどこまで研究が進んでいて、③自らの研究成果がこの問題にどのような貢献ができるのか、という点を意識しておく必要があります。

　以上の点を大学などでのレポートと比較して考えてみましょう。授業やゼミなどで課されるレポートでは、すでにテーマが与えられていることが一般的でしょう。まずこの点が自ら研究対象を探索する論文とは異なります。研究対象のテーマをどう選ぶかが実証分析の論文を書くうえでは重要な鍵となります（この点は後述します）。それ以上に異なる点は、授業などのレポートで期待されていることは、新たな知見や発見ではなく、既存の研究成果や事実などの整理・評価です。書く内容や結論についてもある程度の見通しが立っている場合もあるでしょう。しかし、オリジナリティやその問題に対する貢献といったところまでは期待されていないはずです[3]。

　近年、大学生や大学院生を対象にした論文コンテストも多く見られるようになりました。こうした場合の論文も例外ではありません。政策提言論文を作成する場合を考えてみましょう。政策提言には証拠（エビデンス）が不可欠です（この点は以下でも触れます）。どのようにエビデンスを得るのか、が鍵になりますが、その得られたエビデンスそのものが「新たな知見や発見」に相当します。その知見や発見が得られたからこそ、新たな政策が提言できるのです[4]。

論文に実証分析はなぜ必要か

　実証分析の論文とはどのようなものであり、書くための準備や実証分析がなぜ求められているのか、などについて説明していきます。

　実証分析の論文と言っても特別なものではありません。経済学などの社会科

　3）卒業論文や修士論文も論文であり、レポートとは異なり、基本的には新たな知見や発見を提示することが欠かせません。

　4）伊藤（2011）は政策関連の研究論文を現状確認型（問題の現状を理解するため観察された事柄を記述し分類する）、原因探求型（仮説を立て、それをデータや観察によって検証する）、および政策提言（政策評価）型（政策が実施された際の効果の予測・評価をする）という3つに分類しています。

学では、理論的なモデルを構築したり、異なる国や社会の制度の比較を行ったり、あるいは対象としている課題の現状を整理したりする手法で論文が展開されますが、その事実や理論の検証のために統計データを用いて論理を補強することがしばしば行われています。統計データを用いて論文を構成するという意味では、これらはすべてが実証分析の論文と言ってもよいでしょう。すなわち、実証分析の論文かそうでないか、という二分法はあり得ず、ほぼすべての社会科学の研究論文は実証的側面を含んでいると言っても過言ではないでしょう。

人口学の分野の1つに、歴史的な人口の推移を検証する歴史人口学という学問があります。歴史を扱う学問ですが、「宗門人別改帳」[5]などの資料を用いて当時の社会の状況を人口動向から考察した研究などがあります。統計データから接近するという意味では、こうした歴史人口学の論文もまさに実証分析の論文です。また、数量経済史（Cliometrics）という、歴史の研究からもたらされたデータに計量経済学的手法を適用する分野もあります。1993年にはダグラス・ノースがこの分野の発展に貢献したことでノーベル経済学賞を受賞し、一躍数量経済史の名称が有名になりました。

このように実証分析の論文を幅広く捉えれば、ほぼすべての論文がそうなるのですが、冒頭で定義したように、「実証分析の論文とは、『新たな知見や発見』を、実証分析を通じて示すもの」とすれば、以下ではやや狭い範囲で捉えてもいいかもしれません。すなわち、統計データを利用して推論を行うことが論文の骨子であるようなものを実証分析の論文と言うことができます。

それではなぜ、実証分析が論文に必要なのでしょうか。3つの点から説明したいと思います。第1は、客観性を確保するためです。一般に科学は、自然の観察や実験室での実験データを用いて物理や化学の理論を検証するという経緯を踏まえて発展してきました。いわば客観的な事実の積み重ねを重視するということです。一方、社会科学の分野では、主観的な捉え方や規範的な考え方で多くの論文が書かれてきました。しかし客観的な検証なしではそうした論文は

5）江戸時代の中期以降に整備された民衆調査のための台帳で、戸籍や租税台帳などに相当します。

万人が認める〝真実〟とはなり得ないでしょう。統計データを積み上げ、客観的な事実を伝えるためにも実証分析が必要とされているのです。

第2は、研究の過程で提示する理論モデルや仮説の検証のためです。やや古い文献で恐縮ですが、すでに50年前の経済学の教科書にも理論の検証に計量経済学が用いられ始めたという記述があります。少し引用すると「現実を近似的にさえ理解せしめ得ないような精密法則や理念型は無意味である。……このような検証は帰納法を用いて行われるのであるが、最近、急速に発達した計量経済学は、検証の方法として最も効果的である……」（千種他〔1970〕p.16）。もちろん純粋な理論のみを展開する研究論文も多くありますが、論文の目的が理論や仮説の現実への適用可能性の検証であれば、実証分析は不可欠ということになります。

第3は、近年盛んに主張されているEBPM（Evidence-based Policy Making：証拠に基づく政策立案）の実践のためです。EBPMとその背景にある因果推論に関しては本章の後半でも取り上げられ、また伊藤（2017）やデュフロ他（2019）といった専門書もあるので割愛しますが、政策などを打ち出すにはその根拠となる証拠の提示が不可欠であって、そのためには因果関係をしっかりと実証分析によって示す必要があるのです。

少し話が逸れますが、政策提言を伴う実証研究の論文を作成するには、こうしたEBPMという考え方が欠かせません。しかし実際にはそう簡単ではないようです。森川（2017）によると、「政策実務者も研究者もEBPの必要性への認識は極めて高いが、それが実行されていないという認識も多く、また統計データの解析や学術研究の成果を理解するスキルが十分でない」（森川〔2017〕p.13）という現状があるということです。

論文を書く前に

実証分析の論文を書くためにはそれなりの準備が必要です。ここでは論文執筆の準備と計画について考えてみたいと思います。

(1) 論文を書く準備

論文を書くにあたっては何らかのきっかけがあるはずです。卒業論文や修士

論文を執筆する、学内の紀要論文集に投稿する、あるいは論文コンテストに参加する等々、様々な動機があるはずです。どのような類の論文を書くかによって準備の度合い（例えば卒業論文や修士論文なら教員の指導に沿って中間発表をするなど）が異なるかもしれません。しかし共通することはすべて「締切」が決まっているということです。学内の紀要論文のように随時投稿可能なものもあるかもしれませんが、少なくとも在学期間内に公刊されることを目指すなら、一定の締切は存在するはずです。

　大事なことは締切時点を明確にして、そこからどのような準備を行うか、時間を遡って計画することです。タイムスケジュールの設定は千差万別ですから、定まったルールはありませんが、大学生を対象として政策論文を募集する「ISFJ（日本政策学生会議）」（以下、ISFJ と略します）への参加を例に紹介してみたいと思います。

　ISFJ に参加する学生は大学 3 年生が一般的です。著者のゼミナールでは 4 月に入室したゼミの学生が約半年で実証分析を含む政策論文を執筆しますが、ISFJ のタイムスケジュールとあわせると、概ね以下のようになります（ISFJ のスケジュールは新型コロナウィルス感染症の影響がなかった2019年度の場合です）。なお、ISFJ の論文執筆は複数の学生が共著で作成します。

　　4 月：ISFJ への参加を決める
　　5 月：テーマの設定のための議論
　　6 月：テーマの決定と基本資料の収集
　　7 月：学内外での中間報告 / 現状の把握と先行研究の読み込み
　　8 月：ISFJ 中間カンファレンス参加（論文のテーマ確認や修正の方向性の
　　　　　決定が目的）
　　8 〜 9 月：データ収集 / 実証分析の実施
　　9 月：ISFJ 中間報告会参加（論文執筆の方向性の最終チェック）
　　10 月：実証分析の実施 / 政策提言を含めた論文執筆
　　11 月：論文の提出
　　12 月：政策フォーラム（最終報告会）参加

この例はあくまでも特殊なものですが、大学 4 年生が卒業論文を書く場合にも

ほぼ同じようなタイムスケジュールになるのではないでしょうか。もちろん、大学院生の修士論文や一般学術雑誌への投稿ではより長期的なタイムスパンが必要になるかもしれません。しかしここで強調しておきたいことは、論文を実際に執筆する時間よりも、その準備やデータの収集に充てる時間の方が長いということであり、またテーマの決定についても相当な時間が必要だということです（この点は後述します）。

　論文執筆にはタイムスケジュールが重要ですが、同時に論文の分量、仕様・フォーマット、提出方法などを執筆要項などで確認しておく必要があります。投稿する雑誌はもちろん、卒業論文や修士論文などでも文字数やフォーマットが詳細に決まっている場合があります。文字数については完成段階によって論文や研究ノートなどいくつかに分類される場合もあります。一般に論文の文字数は2万字程度、研究ノートは1万～1万2000字程度とされています。卒業論文も同じく2万字程度、また修士論文は2万～4万字程度が標準ではないでしょうか。どんなに内容が素晴らしくても、投稿先の執筆要項に沿うものでなければ採用されないと考えてください。なお、フォーマットなどについて関連する事項を、本章の1.4節で紹介していますので参考にしてください。

(2) 実証分析の準備

　論文を書く準備として最も長期的な計画が必要なものは、計量経済学などの実証分析に必要な手法の準備でしょう。どのような論文をどのような分析方法で作成するかは事前にはわからないことが普通です。そのため、統計学や一般的な実証分析のツールを日頃から学んでおくことが欠かせません。上記のISFJ のスケジュールを見ても、テーマが定まってから実証分析に要する時間は2～3カ月というところでしょうか。もちろんもっと長い時間をかけて準備するゼミナールもあるかもしれませんが、総じて短期間のうちに結果をそろえなければなりません。そうなると、1から統計学を学ぶ、というのではとても間に合いません。

　実証分析の準備をするには、まずは大学や大学院の授業の中で実証分析に関連する計量経済学の基礎を学んでおく必要があります。独学であっても以前に比べ初心者に優しい計量経済学の入門書も多く出版されています（例えば森田

〔2014〕や山本〔2015〕などがお薦めです）。1人で読み進めることが難しければ友人と輪読するなり、工夫して学んでいくこともできるはずです。著者も大学院生時代、同級生と当時ベストセラーであった計量経済学のテキストを輪読しましたがそれが現在でも役に立っています[6]。

　さらに忘れてはならないことに、PCリテラシーと計量分析ソフトの習熟があります。経済学ではStata、EViews、MATLABなどの有料のソフトに加え、gretlやRといったフリーソフトがあります。どのようなソフトでもよいので試してみてください。計量経済学なともテキストを読むだけでなく実践的にソフトを用いて学ぶ方が理解も早いはずです。先ほど紹介したWooldridge（2013）では、上記のソフトに対応したデータが提供されていますし、また、gretlというソフトには有名な計量経済学のテキストで紹介された事例のデータが無料でダウンロードできる機能が付されています。実践的な学びが実証分析のツールを習得する鍵となる、と言えます。

1.2　リサーチクエスチョンの探索

テーマの選定

　論文を書くための最初のステップは、テーマの選定になります。常日頃、経済社会の現況の中で関心や疑問を持っている対象を研究テーマにするのが本来の姿かもしれません。しかし、誰もがそのような状況にあるわけではありません。卒業論文や修士論文の作成時点において、すでにテーマが決まっている人は少ないのではないでしょうか。反対に複数のテーマに関心を持っていて、どれを選択するかに迷っている場合もあると思います。また、関心を持つ分野がすでにあるとしても、チームを組んで共同で論文を作成する場合には共通のテーマ設定の検討が必要になります。

　どのようなテーマを選択するかは、論文の書き手が日常とのようなことに興味関心を持っているかに影響されるのは当然です。しかし単なる興味関心と、

6）書名はどうでもいいのですが、参考までに当時（35～40年前）はJ.ジョンストン『計量経済学の方法』が必読書でした。いまから読み直すとやや時代が感じられます。

具体的に論文のテーマとして定めることには大きな違いがあります。第1にそのテーマについて、現状や課題、最近の動きなどに関する基礎的な知識を持っている必要があります。地球温暖化問題に関心があります、などの素朴なレベルではなく、温暖化問題に対する国際的な枠組みはどうなっていて、2050年に向けてカーボンニュートラルにどのように取り組んでいるか、などといった点まで踏み込んだ知識が要求されます。第2に、そのテーマに関してどのような研究がすでに行われているのか、ということも事前に調べておく必要があるでしょう。すでに結論が定まっていることにあえて参入しても（もちろん合意された結論に挑戦することを否定するわけではありませんが）論文にあまり高い評価は得られないでしょう。少なくともこの2点を念頭に置いてテーマ選びを進める必要があります。

　筆者のゼミナールでISFJに参加する際の、具体的なテーマ設定の方法を紹介してみたいと思います。まずは学生それぞれが日頃関心を持っている経済社会の事象の〝洗い出し〟をします[7]。そのための準備として、基本的なブレインストーミングの方法を教えます。難しいルールではなく、①他人の関心のあるテーマに否定的なことは言わない、②できる限り多くのテーマを出し合う、という2つのルールを定めています。この経済社会の事象の〝洗い出し〟は、黒板などを利用して幅広いスペースを使うことが大事かもしれません。ペンと紙で自由にメモを走らせ、1人で考えを発展させることも大事ですが、その際にはできるだけ大きな紙を使いましょう。小さな紙、例えばB5判の紙などではその紙の大きさがテーマの多様性の限界となってしまう恐れがあります。

　次に、数多く提出されたテーマを、似たような分野どうしに集約したり、「女性」や「社会保障」などのキーワードで分類したりして、今度はテーマの〝絞り込み〟を行います[8]。その後、いくつか残ったテーマについて、どのようなことが問題になっているか、現状はどうなっているかなどについて、参考文献やインターネット上の情報などを用いて一通り学んでもらいます。以上の

7）Wooldridge（2013）では、実証分析の実行の仕方に関する章を設けています（第19章 "Carrying Out an Empirical Project"）。その中で「アイデアを仲間と議論することはその助けになる」と述べています。
8）議論の集約ではKJ法などを活用することも有意義かもしれません。

ステップを踏んだあとに、さらに議論を重ねてテーマを決める、というのが筆者のゼミのスタイルになっています。これは複数の参加者を前提とした流れですが、1人で論文を書こうとする際の最初のステップとしても、共通して応用できるのではないかと思います。また、1人で論文を書く際にも、テーマに関して仲間と議論し合うことは大切です。

リサーチクエスチョンとは

　テーマが決まっても、それがそのまま論文の出発点になるわけではありません。テーマが決まったら、次は**リサーチクエスチョン**の設定に移ります。リサーチクエスチョンの設定はテーマ決めとは違って、具体的にどのようなことを論文で扱うのかを決めることであり、論文の明確な目標を設定することでもあります。言い換えれば、一般的な話題から、特定された研究対象へと移るということです。例を挙げれば、「日本は女性の社会進出が遅れている」というテーマが定まったとします。しかしこれだけでは論文は書けません。女性の社会進出を阻んでいる要因は何か、その要因のうち最も重要なものは何であり、この点を実証分析で明らかにできるのか、さらには政策提言を行うならば現実的な対応策が見出せるのか、などの点までを押さえておかなければならないからです。

　Wooldridge（2013）でも、「誰かに『いまどんな研究をしているのか?』と聞かれたなら、『犯罪についての研究』と言うだけでは不十分であり、きちんとしたクエスチョンにはなっていない。『アメリカにおける都市部の犯罪率が地域コミュニティ政策に与える影響』というように、具体的に示すことができなければならない」（p.670）と述べています[9]。

　このように、リサーチクエスチョンはより具体的でかつ客観的なデータが存在するようなものを設定しなければなりません。どれだけ**問題意識**を鮮明にして〝狭い〟リサーチクエスチョンを見出すかが大事です。そのためには、①そのテーマについて熟知し、②すでにどのような研究が行われているかを把握し、③現実的な実証分析の可能性を検討しておく必要があります。したがっ

9）筆者訳。

て、少し大げさかもしれませんが、リサーチクエスチョンが確定できれば論文の3分の1は完成したと言えるかもしれません。

　なお、リサーチクエスチョンは仮説の提示ではありません。後述するように、実証分析の前提には仮説が必要ですが、仮説は実証分析を行う際の目的になるものです。仮説の設定はしっかりと現状分析を行い、先行研究をサーベイしたあとに決めるもので、リサーチクエスチョンよりも明確で具体的なものでなければなりません。例を挙げてみましょう。テーマとして「少子化問題」を取り上げたとします。関連する書籍などからこの分野の基礎知識を吸収したなら、そこからリサーチクエスチョンとして「両立支援は出生率を改善するか」を導いたとします。これに関連する先行研究は多いですから、関連論文をサーベイし、具体的なデータに目途をつけて「就業継続した女性の方が出生率は低い」という仮説の検証に進む、ということになります。また、テーマが「環境問題」であって、リサーチクエスチョンとして「自然エネルギーの普及はなぜ進まないのか」を設定した場合、「自然エネルギーのコストは化石燃料より高い」という仮説をデータで検証することになります。実証分析ではこのように、問題意識をより具体化していくとともに、実証分析の対象を明確に絞っていくというプロセスが不可欠です。

リサーチクエスチョンをいかに引き出すか

　リサーチクエスチョンを設定するということは、論文全体の方向性を定めることと同じです。ですから、前述したように論文を作成するうえで最も重要なポイントになります。とはいえ、その設定は簡単ではありません。また、定まったノウハウもあるわけではありません。研究者はこれまでの蓄積された経験と自分の持つ実証分析能力、共著者がいればその協力などを加味して現実的なリサーチクエスチョンを設定することになります。しかし、実証分析論文の作成経験の浅い大学生や大学院生の場合にはそうはいきません。テーマが決定したなら、指導教員に相談しつつ、リサーチクエスチョンを確定するというのが一般的な方法でしょう。しかし、まずは自分でリサーチクエスチョンを引き出す努力は欠かせません。

　以下のヒントは、あくまでも筆者のゼミなどでの経験からのものです。必ず

しも当てはまるわけではないかもしれませんが、参考にしていただければと思います。

　まずテーマが決まっていることが前提ですが、そのうえでそのテーマに関連した書籍（幅広い読者を対象とした新書などがおすすめです）を最低3冊程度読んでもらいます。少子化や貧困、あるいは地方創生でもテーマが決まったら関連する書籍を数冊読めば、そのテーマのおおまかな全体像がつかめるはずです。これが大事です。この全体像を把握することは自分の頭の中に地図を掲げることと同じです。その地図を頼りにして具体的なリサーチクエスチョンを考えていきます。その過程では共著者やゼミなどの研究仲間と議論していくことも忘れないでください。頭の中の地図の方位や縮尺が歪んでいないか、友人やゼミ仲間との議論がそれを教えてくれるはずです。

　少しでもリサーチクエスチョンのための方向性が定まったなら、次は関連する論文など参考文献を探して読んでみましょう。新書などの書籍はあくまでも入り口に過ぎません。次は、専門的な視点から書かれた論文など[10]を探すステップに移ります。これには2通りの意味があります。1つは検討しているテーマに関する知識を深めることであり、もう1つは当該分野でどのような実証分析が行われているかを知ることです。実証分析論文を作成するわけですから、リサーチクエスチョンに沿った分析手法を知ることも大事です[11]。また、論文などに掲げられている参考文献を参照すれば、1つの参考文献から他の参考文献へ広げていくことができます。

　参考文献などを読みながら、どのようにリサーチクエスチョンを検討すればよいでしょうか。Wolfe はインターネット上のガイド（URL は p.40 の「ウェブ上の参考文献」を参照してください）で、次のような点に着目することを推奨しています。

10）学術論文に限らず、政府の白書やシンクタンクが公表しているレポート、さらには研究機関のディスカッションペーパーなどが情報の源になります。Google Scholar などインターネットを駆使して探してみてください。

11）例えば、少子化対策の効果を測定するのであれば因果関係を含む分析が必須ですし、地方創生で人の移動の流れを測定するなら空間計量経済分析の知識が必要になるでしょう。どのような実証分析を学ぶべきかのヒントが得られるはずです。

① 過去の研究結果に矛盾したものがある。
② これまでの先行研究（literature review）から得られた結論が誤っていると考えられる理由がある。
③ 最も重要だという変数や事象が考慮されていないと考えられる。
④ さらなる拡張が可能であると考えられる。

これらを取り入れることで、リサーチクエスチョンを定めることができるようになるということです。

　こうした努力を行うことで、明確に設定されたリサーチクエスチョンにたどり着くことができるはずです。

　最後に2点だけ、留意点を述べておきます。1つは「あまり目標を高くしすぎることにも注意」が必要です[12]。高みを目指すことは大事ですが、限られた時間の中で成果を提出する必要があります。提出しなければ卒業・修了ができないことになってしまいます[13]。もう1つは、データの利用可能性です。どのような素晴らしいリサーチクエスチョンを設定したとしても、利用可能なデータが手に入らない場合には実施は困難です。リサーチクエスチョンの検討とともに、データの利用可能性もあわせてチェックする必要があります。

1.3　実証分析論文の構成

　実証分析の論文に限らず、すべての研究論文はその構成が重要です。研究した成果をただ並べればいいのではなく、一定のルールに従って記述を進めていくことになります。ここでは論文の構成の考え方、具体的な構成の仕方、そして最も難しいとされる書き出しと結論について説明していきます。

論文にどのように流れを加えるか

　論文の枠組みを考えることは、論文を作成するうえで最も難しい作業かもしれません。そもそも論文を書く前に実証分析の結果が得られている必要があり

---

12) Wooldridge（2013）Ch.19によります。
13) ここが時間制約のない、一般の研究論文と異なるところでもあります。

ます。実証分析は理論モデルや仮説の検証を目的として行われたものであり、その理論モデルや仮説は、現状分析や先行研究の結果を踏まえてもたらされたはずです。さらに、そもそもなぜこの問題に取り組もうとしたのか、などの問題意識やリサーチクエスチョンの説明も必要になってきます。

このように論文は、それを構成する項目が相互に密接な関連を持っているものです。そのためには建物の設計図のように枠組みを明確にする必要があります。同時にその論文を読む読者を意識して、その読者がスムーズに内容を把握できるように心がけるべきです。このことを踏まえると、たとえ理論モデル作成のための数式や、推定のための計量経済学的手法の説明が満載の論文であっても、「ストーリー」を語らなければなりません。ストーリーを語るということは、その論文がロジカルに構築されていることの証でもあります。そして読者がその論文を読むときは、何らかの流れを感じることが理想です。ストーリーを語るといっても小説を書くわけではないので、曖昧な論理や飛躍した構成にならないように心がける必要があります。

論文の流れを考える際のヒントとして2つの例を挙げておきましょう。1つは、起承〝展〟結を心がけることです。具体的なそれぞれの構成については以下で説明しますが、論文の流れとして「起」でテーマの設定とリサーチクエスチョンを説明し、「承」で現状分析・先行研究を紹介します。次に通常の「転」の代わりに「展」としましたが、これは実証分析の論文が理論モデルや仮説などから新たな展開をもたらすという意味で変更しました。〝展〟は理論モデル・仮説の設定と実証分析の結果などを示します。最後に「結」として分析の評価や政策の提示、さらには残された課題となります。

もう1つは、よく書かれた実証分析の論文は「砂時計」のような形状をしているというものです（図1−1）。論文の最初は広い視点から一般的な内容を記述しますが、研究の中身に入ると徐々にその記述は狭い範囲のものとなり、方法論や分析結果などを特定化して述べていきます。最後に再び広い視点から結論や考察を加えるというものです[14]。

14）Bem（2002）を参考にしました。

図1-1　砂時計の構成

論文の構成について

　実証分析を伴う論文の構成については必ずしもルールがあるわけではありませんが、前述したような流れに沿った例を示しておきたいと思います。なお、海外の研究論文ではいくつかの構成形式が提案されていて、その中でも IM-RAD 形式（イムラッドと読みます）が有名です。IMRAD とは Introduction, Materials and Methods, Results and Discussion の頭文字を取ったもので、この4つの章で論文を構成する形式です。4つの章は前節で述べた起承〝展〟結に相当します。序章（Introduction）で論文の対象やリサーチクエスチョンなどの明解な説明を与え、対象と分析方法（Materials and Methods）で現状や分析手法を説明し、実証分析の結果を Results で示し、最後に Discussion で考察と結論を提示する、という流れになります。もちろん、この4つの章（チャプター）にはそれぞれ節（セクション）が付くことになります。なぜ IMRAD がこのような構成を採用したかと言えば、これによって首尾一貫してよく整理された議論が可能になるからということです。

　より具体的に実証分析の論文構成について示してみましょう。以下はあくまでも1つの例であって、論文の性質（データ収集に焦点を当てる論文や、推定方法の詳細にこだわる論文など、実証分析と言ってもどこに力点を置くかは多様です）によって構成は変わってくることに留意してください。IMRAD の4章構成ではなく、6〜7つのチャプターになります[15]。

1. イントロダクション（はじめに）
2. 現状分析と先行研究
3. 理論モデルの導出・仮説の提示
4. データの提示と推定手法の説明
5. 推定結果の紹介と評価
6. 政策の提示と効果の評価
7. 考察と結論（おわりに）

(1) イントロダクション（はじめに）

　イントロダクションの目的は、その論文のテーマやリサーチクエスチョンを紹介する（問題の設定）とともに、なぜそのようなテーマ等を選んだのか（研究の動機）、またこれまでにどのような研究や調査が行われてきたのか（先行研究の概要）、その結果を受けてこの論文ではどのようなことを目指し（研究の目的）、またどのような貢献ができるのか（研究の新規性・有用性）を、手短に述べることです。

　大事なことは、イントロダクションを読んだ読者に、この研究が必要なものであることをわからせて、研究のテーマに関心を持つように仕向けていくことです。そのためには著者自身がそのテーマに関心を持ったいきさつや経済社会でどのように評価されているのか、などを記述するとよいでしょう。とはいえ、ここまでの説明だけで簡単にイントロダクションが書けるものではありません。どのようなイントロダクションを書けばいいのか、ということは他の論文を多く読む経験を積むと自然に身につくものですが、初めて論文を書く学生にとってはなかなか荷が重いと思います。そこで、次の点に留意してください。

　イントロダクションは論文の最初に置かれるものですが、だからといって最初に書く必要はありません。イントロダクションの目的を満たすためには、現状分析を行って先行研究を読み込んでいること、実証分析の結果を含め全体の見通しがわかっていること、が前提条件になります。あやふやな先行研究の読

---

15) 以下は、政策提言論文を作成することを念頭に置いた構成です。

み込みや実証分析の結果が出ていない段階では、イントロダクションは書けないでしょう。また、イントロダクションに実証分析の結果を簡潔に示す論文も多くあります。いわばサマリー的な要素も含まれます。こうしたこと踏まえたうえで、イントロダクションを書くことになります。

　なお、論文に限らずレポート、あるいは簡単な作文でも、書き出しが最も難しいものです。どんなに上手に構想が練り上がっていたとしても、さて書き始めようとするとなかなか最初の一文が浮かんできません。そんな場合の応急措置として、以下の2つの書き出しパターンがよく見られます。①現状についての説明とともに論文の問題意識を述べるパターン、②論文の目的を最初から明らかにして、なぜそれが必要なのか等々を述べていくパターンです。具体的には、

① 近年、○○（の状況）が○○になるにつれ……
② この論文の目的は……

などです。書き出しの文章に困ったら参考にしてみてください。

⑵ 現状分析と先行研究

　現状分析や先行研究は最も時間を費やすものです。その分野に詳しく、経験を積んだ研究者であれば現状を把握しており、また先行研究についても熟知しているので問題はありませんが、初めてその分野に挑戦する大学生や大学院生にとってはそれまでの蓄積がありませんから、まとめるのに苦労するところです。一方で、先行研究を学ぶことでその分野の知識が得られるとも言えます。

　先行研究はリサーチクエスチョンの対象についてのこれまでの研究のサーベイを意味します。しかし、関連する論文を単純に並べてその結果などをまとめるだけでは先行研究になりません。目的は、リサーチクエスチョンの対象についての研究がどこまで進んでいて、また残された課題にはどのようなものがあるのか、を明確に示すことです。この2つのことを示すことで初めて自分の論文の新規性・有用性をアピールすることができるとともに、自分の研究が時宜を逃したものではないことが確認できます。さらに、先行研究を選ぶ際には、多くの論文で言及されている代表的な研究に言及することを忘れないでくだ

い。言い換えると、引用頻度の高い論文を見逃してはならない、ということです。その分野で不可欠な論文が引用されていない（参考文献に掲載されていない）だけで、論文の価値が疑われてしまうこともあるからです。

　先行研究を通じてどのように自分の研究の新規性・有用性をアピールすればいいでしょうか。これは簡単なことではありませんが、大学生や大学院生の皆さんにとっては次の3つの視点をまずは考えてみてください。

① これまでの先行研究における実証分析に、それまで議論されていなかった他の要因（変数）を加える[16]。
② これまでの先行研究で使われてきたデータを更新、もしくは他の地域のデータなどに当てはめてみる（アメリカでの実証分析を日本に適用するなど）。
③ 先行研究で有意とされていなかった変数を吟味し、他の変数に交換するなどして、再度推計を行う。

　いずれも新規性に富む、とまでは言い切れませんが、実証分析研究の第一歩になると考えられます。

(3) 理論モデルの導出・仮説の提示

　実証分析のためには、それに先行する仮説の提示が必要です。仮説は理論モデルから演繹されることが王道ですが、現実には簡単ではありません。そもそも新たな理論モデルをどのように作成するのか、ということになると、この章の目的から離れてしまうとともに、著者の力量や経験では手に負えません。冒頭でも述べたように、実証分析とは理論モデルから得られた結果の現実的適用性を問うものですから、理論的な背景がないような実証分析ではいわゆる「理論なき計測」になってしまいます。できる限り既存の理論モデルなどを参考にして、そこから仮説を演繹するなど「理論的背景」を意識するようにしてください[17]。

16）例えば、生産関数の推計で得られた全要素生産性について、時間 t だけでなく社会資本ストックや情報通信資本ストックなどの新たな要因を加える、といったことが考えられます。

　仮説を提示する場合には、実証分析における推定方法やデータに関して現実的な適用可能性を考慮しておく必要があります。どんなに素晴らしい理論的背景を持つ仮説でも、データが存在していなかったり、適切な計量経済学的手法がなかったり（あるいは知らなかったり）する場合には先に進めません。実証分析の実行可能性を広げるためには、常に計量経済学の知識の拡充が欠かせません。しかしながら広範囲にわたる先端的な計量経済学の成果を常にウォッチするというのはほぼ不可能ですから、先行研究を参考にして、その分野でよく用いられている分析手法を学んでおく必要があります。

(4) データの提示と推定手法の説明

　実証分析にとって、データは最も重要なものです。いかにデータを収集してくるかについては本書でも後の章で取り上げていますので、そちらも参考にしてください。

　データに関しては、仮説の検証に沿ったデータをどう探すのか、そもそもそうしたデータは存在しているのか、が最も大事なポイントになるでしょう。また、たとえデータがあったとしてもそれを使うことが可能なのかどうかという問題もあります。例えば、仮説にマクロ経済における〝将来の期待〟が含まれていたとしても、そんなデータは存在しません。何らかの代替指標を考えなければならないでしょう。仮説の検証に沿った個票データが存在することがわかっていても、それを利用できるかどうかは別問題です。公的統計の個票データを使用するには煩雑な手続きが必要ですし、データによっては大学生などには利用できないケースも考えられます。

　繰り返しになりますが、実証分析にとってデータは命です。利用可能で適切なデータが収集できたあとには、まずはそのデータをしっかり理解しておく必要があります。Wooldridge（2013）ではデータに関して、以下のようなことが述べられています。

- 実証分析では実際に使用するデータについてよく理解しておく必要がある。

17）一方で「計測なき理論」という言い方もありますが、これはまさに EBPM に反するものでしょう。

データを入手したらその構造や性質について理解する時間を設ける必要がある。

- データセット内の誤りを検出することは大事。そのためにはデータの最大、最小、平均、標準偏差などをきちんと確認し、1より大きなデータ（労働力率など）やマイナスのデータ（失業率）などを確認する必要がある。

作成する論文の中では、Wooldridge（2013）の指示を踏まえたうえで、

① データの出所（変数名など）、サンプルサイズ、データ特性（個票データかマクロデータかなど）を整理する。
② データの基本統計量を提示するとともに、表などを利用して読者に示す。

上記のことを忘れないでください。

データの提示とともに、次に推定手法を説明することになると思います。その際には、以下の3点の記述を忘れないようにしてください。

① どのような（計量経済学的）手法を用いたのか、またなぜその手法を選択したのか。
② 先行研究の手法と同じなのか、それとも改良を加えたのか。
③ その手法の概略と、詳細な説明が掲載されている参考文献。

なお、加えてどのような統計ソフトを用いたかについても明記しておきましょう。

(5) 考察と結論（おわりに）

論文の最後に位置づけられる考察や結論では、実証分析の結果に関しての評価を行うことになります。その際、統計的に有意な推定結果が得られたかどうか、その推定結果は仮説などと整合的かどうか、また先行研究の結果と比べて新規性が得られたかどうか、という点から評価するとよいでしょう。しかしながら、必ずしも当初の目論見通りの結果が得られるとは限りません。その場合には、なぜ目論見通りの結果が得られなかったのかという議論を考察において展開することになるでしょう。その原因として、データの制約などがあったの

か、そもそも仮説が誤っていたのか、また将来の改善点は何か、などについて述べておく必要があります[18]。

　こうした実証分析の評価に続いて、考察（議論）や結論を述べることになります。政策提言論文では結論などの前に、政策の提案や効果分析などを行うことになりますが、ここでは結論の書き方にフォーカスしたいと思います。結論に書かれるべきことは、次の2つが一般的です。

① その論文の要約（実証分析の結果と新規性・有用性などの強調）
② 残された今後の課題（実証結果の改善の方向性や新しいアイデア、利用できなかった変数など）

　Wooldridge（2013）では結論について、「導かれた結果に対する留意点や将来の研究の方向性を示す。読者は結論を見てその論文を読むかどうかを決める場合もある」と述べています。この点も忘れないでおいてください。

1.4　論文作成の Tips

　実証分析の論文にかかわらず、論文の書き方に関する多くの書籍では情報の集め方、文献の整理の仕方、アウトラインの作成、あるいはプレゼンや発表の方法など多岐にわたるアドバイスを得ることができます。実証分析の論文も論文ですから、より包括的な論文の書き方を紹介すべきですが、この点については、戸田山（2012）や小笠原（2018）など、また古くは清水（1959）[19]などを参照してください。以下では、著者の視点から見た文章の書き方と、論文作成時に知っておきたい（実用的な）Tips をまとめてみました。

---

18) 少し言い訳じみたきらいはありますが、例えば「仮説とは整合的ではなかったが、その背景にはサンプルサイズが小さかったこともある。したがってより大きなサンプルで……」などです。もちろん厳格な学術論文ではこうした言い訳は通りません。
19) 著者の経験ですが、学生時代に清水（1959）を読んだことをよく覚えています。時代は変わってしまい内容は古くなっていますが、その考え方はいまでも通用すると思います。

文章の書き方

　文章の書き方、などと大げさな見出しを設けてしまいましたが、長年、著者が学生の卒業論文などの指導を行ってきた経験をもとに、最低限気をつけてほしいことをまとめてみました。

　大学生や大学院生の皆さんは日頃からレポートを書き慣れているので、卒業論文や修士論文もちょっと長いレポートだと勘違いしてしまう場合があります。ところがこの両者はまったく性格が異なります。授業のレポートを読む人は、多分その授業の先生1人だけでしょう。一方で卒業論文の場合、たとえそれが卒業論文であったとしても（大学生の皆さん、ごめんなさい）、ゼミの仲間や他の先生をはじめ、もしインターネット上に公表されれば多くの人の目にとまります。公表される論文は多くの読者を持つ、ということを意識してください。そうなると、文章も独りよがりのものではなく、他人に読んでもらうという視点から書かなければなりません。ロジックの崩れた文章や誤字脱字、あるいは誤った語句の使用をしないという基本的な点を意識して文章を書く必要があります。

　論文の執筆に慣れていない大学生や大学院生の場合には、1つの文章が極端に長くなることがあります。1つの文章の中に多くの接続詞などを挟んで10行程度にもなる場合もあります。長い文章を書いていると、冒頭の主語に対して、最後の動詞が一致しなくなるようなケースも見受けられます。卒業論文の添削ではいつも、主語はきちんと表現されているか、主語と述語は対応しているか、1つの文章で多くのことを語りすぎてはいないか、などを注意しています。研究論文は文学作品ではないので、曖昧な表現や飛躍したロジックを持つ文章を書いてはいけません。簡潔に明確に、そしてできれば短く内容を表現することを心がけてください。修飾語の仕様も最低限にして（「推定結果がとても有意であった」などと書かないように）、1つの文章には1つのメッセージ（「推定された係数は正であったが、誤差項には不均一分散があった」では何を問題として述べたいのかわからなくなります）も大事です。

　その他、しばしば見受けられる、文章を書く際に気をつけておくべき3つの点を述べておきたいと思います。

① 「である調」と「ですます調」：論文は客観性をもたらすために「ですます調」を用いず、「である調」を用いるのが基本です。この本は初心者向けに「ですます調」を使用していますが、論文では「である調」を使います。中には両者が混在している場合がありますが、注意してください。また、話し言葉に近づかないよう、「だから……、それで……、そうすると……」などの接続詞は使わないようにしましょう。

② 同一用語の異なる表現の混在：卒業論文の添削などでどうしても気になるのが、同じ用語の異なる表現が混在している場合です。頻出するのは西暦と元号です。最初の文章では西暦で記述しているのに、次の文章では元号になっているなどです。また、文章の中でアメリカと米国が混在していたり、「日本のGDP……」が「わが国のGDP……」になっていたりすることも多くあります。統一して書く必要があります[20]。

③ 接続詞と指示語の乱用：文章が長くなる場合、「したがって……、さらに……、しかし……」などと接続詞を多用する例もあります。接続詞が多いとその文章の表現する内容が不明瞭になりますし、読者も肯定なのか否定なのか、判断に迷うことにもなりかねません。また、「その場合、この状況では、あの条件では」などとというように指示語を乱用すると、読者の正確な理解を妨げる可能性があります。

論文作成の形式的なルール

　本章の最後は、実証分析の論文を書くために知っておくべき形式的なルールについて述べておきたいと思います。なお、各大学では修士論文などの執筆規定があり、また各学会が発行する専門雑誌にはそれぞれの投稿規定がありますので、まずはその規定などを見てください[21]。

20）雑誌などでは西暦の表記などをルールとして求めている場合もありますので、そうした指示にも注意を払ってください。

21）どんなに良い内容の論文であっても、執筆規定に則していない論文は審査の対象外になることもしばしばあります。学術論文は〝形式〟も重要です。

(1) タイトルと概要（要旨）、キーワード

論文には当然のことながらタイトルが付いてきます。このタイトルをどのように付けるかは、とても難しい問題です。一般的には論文の内容を想起できるような表現があればよいのですが、そう簡単には見つかりません。タイトルの付け方を具体的に指南するわけにはいきませんが、1つだけ Wooldridge (2013) によるアドバイスを紹介したいと思います。それは「タイトルはトピックを明確に表すものを選ぶべきだが、あまり長くしてはいけない」(p.692)です。

論文には概要（要旨：abstract）が必要です。読者の多くはこの概要を見て本文を読むかどうかの判断をすると言われています。概要は400字程度が一般的だと思われますが、その短い字数の中で論文全体の要約（論文の目的と意義、実証分析の方法と結果、評価と結論）をまとめなければなりません[22]。こうした点を考えると、概要は論文をすべて書き終わったあとに書くべきでしょう。

タイトルと概要に加え、最後にキーワードが必要になります。キーワードの選択も難しいのですが、テーマ、仮説、実証分析手法、（あれば）政策提言などを参考に作成するとよいでしょう[23]。

(2) 本文の表記

文章の書き方ではなく、記述のためのルールを紹介します。一般に論文では常用漢字、現代仮名遣いを使用し、数字は算用数字（1234）を使います。句読点については「、」「。」を用いるのが原則ですが、「，」を使用する場合もあります。

文章の中の引用は、「著者名（出版年）」として、文献名は参考文献に記載します。社会科学の論文でも脚注に引用文献名を示す場合があるようですが、一般には参考文献を用います。また、本文中の「注」については脚注（それぞれ

---

22) 学生の ISFJ 政策論文などでは長文の概要が見受けられますが、一般的には長文では「概要」にならないと考えられます。

23) この他に JEL（Journal of Economic Literature）コード（分類）を必要とする場合もあります。

のページ下部に記載）とする場合と、文末脚注（本文の一番最後、参考文献の前）とする場合がありますが、投稿する雑誌、もしくは修士論文などの執筆要領を参考にしてください。

　実際に執筆する場合はMSワードを用いる場合が多いと思いますが、フォントはMS明朝で10.5ポイントを用いるのがよいでしょう。また、1ページの字数はデフォルト40字×36行で問題はないと思います。

(3) 図表の作成

　実証分析の論文では図や表が欠かせません。その際に図の表題やデータの出所をどのように示すかも、論文作成の大事な tips です。ここでは、日本の代表的な経済関係学会において定める投稿論文規定から図表作成のポイントを示しておきたいと思います[24]。

① 図・表には、それぞれ「通し番号と表題」を付けます。一般的には図と表は別にして通し番号を付します（図1、表1など）。なお、雑誌などによっては図表番号として両者を通して番号を付す場合もあります。
② 図と表の見出しは最上部に書きます。また、依拠した資料は図と表のボトムに「出所」として明記し、論文などからそのまま引用した場合は、引用論文のページ数を付します。また、図と表の説明は「注」として示します。
③ 図と表には、必ず「単位」を明記します。特に図では縦軸と横軸が何を意味しているかがわかるようにしておきます。

　実証分析の論文では推定結果の表を付けることになりますので、先行研究などを参考にして作成しましょう。なお、図と表は実証分析論文の心臓部にあたりますから、丁寧に作成することを心がけましょう。

(4) 参考文献の書き方

　参考文献の掲示の仕方も大学や学会、雑誌などによって異なる場合がありま

---

24) 日本語の投稿論文を掲載する機関誌を持つ日本経済政策学会の『経済政策ジャーナル』（オンラインジャーナル）、および日本財政学会の『財政研究』（書籍）での論文投稿規定を参考にしています。

す。ここでは一般的な参考文献の書き方について示しておきたいと思います。

　まずは日本語の文献と、英語その他の外国語の文献を分けます。日本語の場合はアイウエオ順に、また英語などの文献ではABC順に並べます。経済学以外の社会科学の分野では、本文に登場した順に参考文献を並べることもありますが、参照の利便性を考えるとアイウエオ順の方がいいのではないかと思います。参考文献には実際の書籍や論文として存在するもの以外に、インターネット上の記載なども掲載する例があるかもしれません。その場合には上記の文献と分けて「ウェブ上の参考文献」などとして分離し、URLを記載する必要があります。なお、その際には閲覧した日付も載せておきましょう[25]。インターネット上の情報はいつ参照できなくなるかわかりませんので、留意しておく必要があります。

　日本語の参考文献については、以下のように記載するのがよいでしょう[26]。

- *雑誌論文の場合*
  著者名（出版年）「論文名」『雑誌・紀要名』巻号、頁。
- *書籍の場合*
  著者名（出版年）『書名』出版社名。
- *書籍内の所収論文の場合*
  著者名（出版年）「論文名」著者・編者名『書名』出版社名、頁。

英語論文の場合は以下のようになります。

- *雑誌論文の場合*
  著者名（出版年）"論文名," 雑誌名, 巻号, 頁（p.○またはpp.○-○）.
- *書籍の場合*
  著者名（出版年）書名（イタリック体またはアンダーラインを付す）, 出版社名.

---

25) 雑誌論文がインターネット上で公開されている場合でも、URLではなく元の雑誌などを参考文献として示してください。

26) 日本財政学会の『財政研究』（書籍）での論文投稿規定を参考にしました。

参考文献の示し方はなかなか煩雑です。先行研究の参考文献リストを参照しながら作成してください。

◆ 参考文献

伊藤公一朗（2017）『データ分析の力 因果関係に迫る思考法』光文社新書。

伊藤修一郎（2011）『政策リサーチ入門：仮説検証による問題解決の技法』東京大学出版会。

小笠原喜康（2018）『最新版 大学生のためのレポート・論文術』講談社現代新書。

小浜裕久・木村福成（2011）『経済論文の作法：勉強の仕方・レポートの書き方（第3版）』日本評論社。

清水幾太郎（1959）『論文の書き方』岩波新書。

千種義人・大熊一郎・福岡正夫・富田重夫（1970）『経済原論』世界書院。

デュフロ、エステル・グレナスター、レイチェル・クレーマー、マイケル（2019）『政策評価のための因果関係の見つけ方：ランダム化比較試験入門』小林庸平〔監訳〕、日本評論社。

戸田山和久（2012）『新版 論文の教室：レポートから卒論まで』NHKブックス。

トムソン、ウィリアム（2006）『経済論文の書き方：作成・プレゼン・評価』清野一治〔訳〕、東洋経済新報社。

森川正之（2017）「『エビデンスに基づく政策形成』に関するエビデンス」RIETI Policy Discussion Paper Series、17-P-008。

森田果（2014）『実証分析入門：データから「因果関係」を読み解く作法』日本評論社。

山本勲（2015）『実証分析のための計量経済学』中央経済社。

Bem, D. J.（2002）"Writing the Empirical Journal Article," in Darley, J. M., Zanna, M. P., and Roediger III, H. L. ed., *The Compleat Academic: A Career Guide*, Ch.10, American Psychological Association.

Wooldridge, J.（2013）*Introductory Econometrics: A Modern Approach,* 5th edition, Southwestern Publishing.

◆ ウェブ上の参考文献

上村敏之（2000）「経済論文の作法」（http://www8.plala.or.jp/uemura/paper.html 最終閲覧日：2021年6月2日）。

日本財政学会財政研究「投稿論文執筆要項」（http://www.gakkai.ne.jp/jipf/research/pdf/zaiken-youkou_17.pdf 最終閲覧日：2021年6月2日）。

別所俊一郎「論文の書き方」（http://web.econ.keio.ac.jp/staff/bessho/paper/110107report.pdf 最終閲覧日：2021年6月2日）。

Wolfe, C. "Writing Empirical Papers: Instructions for Beginners," (https://www.muhlenberg.edu/media/contentassets/pdf/academics/psychology/Writing%20Empirical%20Papers%20Beginners%20Guide.pdf　最終閲覧日：2021年6月2日).

第2章 実証分析のカタログ（I）

　この章では、実証分析の入門のそのまた入門に相当する事柄を説明したいと思います。世の中には統計学や計量経済学など、実証分析にかかわる多くのテキストがありますが、そうしたテキストを学ぶ前段階の内容について、実証分析に初めて挑戦しようとする読者を想定して話を進めていきます。統計学関連の講義を受講したけれども、実証分析にどうつなげていけばいいのかわからない学生や、計量分析に関する一通りの知識はあるものの、実証分析をどのように進めていけばいいのか迷っている大学院生・社会人の方々を念頭に解説していきたいと思います。

　本章のタイトルは「実証分析のカタログ（I）」です。カタログと名付けている通り、分析手法の各項目について詳細に内容を説明するのではなく、実証分析全体の鳥瞰図を示すことを目的としています。どのような学問分野でも、初めて学ぶ場合には、詳細な各論に入る前に、全体像を把握することが大事です。なお、それぞれの分析手法の詳細は本書の次章以降や、序章や本章で紹介した参考文献などを参照してください。

2.1　仮説や理論をどう検証するか

　仮説や理論の検証を行うに際して、どのようなデータを用いるのか、どのような手法でそのデータを分析するのか、の2つの点を押さえることが実証分析にとって最も重要です。この節では、データの種類と実証分析のすべての基礎

となる相関・回帰分析について解説します。実証分析の初学者はぜひこの節を
しっかり理解してください。

様々な種類のデータ

　実証分析とは、データをもとに仮説や理論の検証を行うことです。そのため
にはどのようなデータがあり、そのデータをどう分析するかについて知ってお
く必要があります。データの集め方や利用方法についてはこのあとの章に詳し
い解説がありますので、この章ではどのような種類のデータがあって、それを
どう分析すれば仮説や理論の検証となるのか、という初歩的な点のみを説明し
ておきたいと思います。なお、広い意味では文字情報や写真などもデータとな
りますが、以下では一般に統計的な情報を数値で示す数値データに話を限定し
ます。

　周囲を見渡すと数多くのデータがあります。例えば、市町村の人口総数、学
生の GPA、オリンピック大会でのメダル数、世論アンケートの結果、あるい
は毎日の気温の推移、四半期（3 ヵ月）ごとの GDP など、至る所に数値デー
タがあります。こうしたデータを組み合わせて仮説などの検証を行うのです
が、そのためにはデータの性質を知っておく必要があります。

　市町村の人口総数、学生の GPA といったデータは、ある 1 つの時点におけ
る個別主体（市町村や学生）の情報を比較するために数値化したもので、こう
したデータを**クロスセクションデータ**（横断面データ）と言います。一方、毎
日の気温や四半期ごとの GDP は、時間の経過とともにその推移を示すデータ
です。こうしたデータを**時系列データ**と言います。さらに、市町村ごとに毎年
の人口総数を集めるとクロスセクションデータと時系列データを組み合わせた
データになりますが、これを**パネルデータ**と言います。なぜわざわざデータの
種類を考えるのかというと、データの種類によって分析の仕方が異なるからで
す。時系列データは時間の推移がデータに含まれることから、クロスセクショ
ンデータとは異なる扱いが必要になります。パネルデータではクロスセクショ
ンデータと時系列データの 2 つの性質を同時に考慮しなければならないので、
固有の分析方法があります。

　もう 1 つ大事なことは、データ自体の性質です。一般に統計データは数値で

表され、その数値自体の大きさが意味を持っています。人口の数や GDP の大きさ、あるいは身長や体重といったデータがこれに相当します。これらのデータを**量的データ**（量的変数）と言います。その一方で、分類や種類を区別したり（名義尺度）、順位や程度の大きさなど順序に意味を持たせたり（順序尺度）するデータがあります。例えば、働いている場合に 1 という数値をあて、働いていない場合には 0 とするなど、数値に質的な意味を持たせる**質的データ**（質的変数）があります。質的なデータを扱う際には、量的データとは異なる分析方法を用いなければなりません。

　量的なデータでは、その数値がフロー（一定期間内に変化した量）であるかストック（ある時点において蓄積された量）であるかの区分も大事です。GDP はフローですが、人口総数はストックになります。経済学ではよく使われる概念ですが、フローとストックの違いについても、データを利用する場合には留意する必要があります。

　実証分析でデータを用いる場合、どのような種類・性質のデータを使おうとしているのか、確認することが大事です[1]。そしてそのデータの性質に従って、適切な分析手法を選択することが求められます。

関係性の分析(1)　相関

　仮説や理論の検証とは、一般に複数の変数を用いて、仮説や理論が導く関係性を統計的に確認することを意味します。例を挙げてみましょう。マクロ経済学の入門的講義で必ず学ぶ、「所得が増えるほど消費も増える」という仮説（消費に関する絶対所得仮説）を考えます。所得や消費の関係性を分析するには、所得や消費という変数が具体的に計測された家計消費支出や GDP というデータが必要になります。この 2 つの変数が関係を持っているのかどうかを検証する方法として基本となるのが、相関と回帰分析です。実証分析を行うには、まずはこの 2 つの概念や計測の方法をしっかりと自家薬籠中の物にしなけ

　1）データの種類、特に量的データや質的データについては本書の第 4 章、第 5 章を参照してください。また、総務省統計局がホームページで掲載している「なるほど統計学園」（データ分析に関する初心者向けの講座：https://www.stat.go.jp/naruhodo/index.htm l）にも詳しい説明があります。

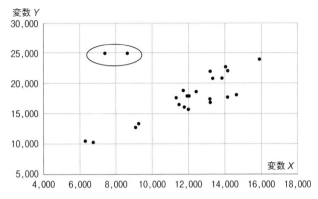

図2−1　相関の例(1)

注）データの詳細などについては、本文を参照。

ればなりません。以下では相関について考えます。

　2変数の関係性を分析する場合、**相関**は欠かせない考え方です。2つの変数の間に相関があるとは、一方の変数が増加した場合、他方の変数もまた増加（正の相関）、もしくは減少（負の相関）する傾向が見出せることを言います。相関の程度を示す指標が、−1から1までの値をとる相関係数です。相関係数を計算する式などはここでは省略しますが、相関は多くの人が馴染んでいる概念でしょう。しかし、その考え方は単純でありません。注意すべき点も多くあります。

　第1に、相関は因果関係を表すものではありません。2つの変数をここではXとYとしましょう。因果関係は原因Xと結果Yの関係を示すものであり、XとYはその意味づけがあらかじめ示されています。一方、相関は因果関係抜きでXとYの関係性を示すものに留まります。図2−1を見てください。変数Xが増えるにつれ、概ね変数Yも増えているようです。このことから変数Xと変数Yの間には正の相関がありそうです。相関係数を計算すると0.46と弱いながらも相関が確認できました。実は変数Xはアイスクリームの生産量で、変数Yはビールの取引量です[2]。アイスクリームの生産が増えるとビールの取引が増えるという因果関係はありませんから、ここで観測されるのは相関です。

図2-2　相関の例(2)

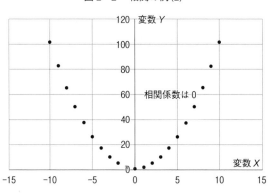

第2に、しばしば**見せかけの相関**が生じる場合があります。この見せかけの相関とは、2つの変数に因果関係がないにもかかわらず、高い相関係数が得られるような場合を指します。図2-1のケースもこれに相当するものです。見せかけの相関が生じる場合として、①2つの変数に同時に影響を及すような別の変数（**交絡変数**）があるケース、②両者にはまったく関係性がないがたまたま相関があるように計算されるケース、の2つがあります。図2-1の例では交絡変数として気温という要因があり、気温が高ければアイスクリームもビールも取引が多くなることが考えられます[3]。

第3に、相関は2つの変数の直線的な傾向を示す指標であって、両者が非線形の関係にある場合には相関係数は非常に小さな値になってしまいます。図2-2では、2つの変数が非線形の関係にあり、相関係数を計算するとゼロになります。しかし、2つの変数に関係性がないとは言えないでしょう。図2-2の X と Y は $Y = X^2+1$ という関係にあります。

2）いずれのデータも2012年1月〜2013年12月の月次データであり、アイスクリームの生産量の単位はキロリットルで農林水産省「牛乳乳製品統計調査」から、ビールの取引量は大瓶換算の千箱単位でビール酒造組合「市場動向レポート」から入手しました。

3）Vigen（2015）は、2つの変数の間に関係がないにもかかわらずたまたま相関係数が高くなる事例を数多く集めたものです。例えばアメリカにおける首つり自殺の件数と科学への政府補助金、アメリカのメイン州における離婚率とマーガリンの1人当たり消費量などです。とても面白いもので、著者の愛読書の1つです。

相関は関係性を分析するための重要なツールですが、すぐに相関係数を機械的に計算するのではなく、散布図を描いて視覚的に捉えることが大事です。そうすれば、図2-2のような関係性も見てとれるでしょう。また、図2-1には丸で囲んだ2つの点があります。全体から見て他の値から大きく外れた場所にこの2つのデータが位置していますが、こうしたデータを**外れ値**と言います[4]。

　相関関係を調べるうえで、もう1つ知っておきたい考え方があります。**順位相関**です。データには質的な変数があるということを説明しました。そうした変数のうち、順位（順序）に意味を持つ変数がある場合、その順位に相関があるかどうかを調べるものです。順位相関の詳しい説明は統計学の教科書に譲りますが、世界の国々を集めてジェンダー平等の国際的な順位と1人当たりの豊かさの順位の関係を調べる、などに使うことができます。

関係性の分析(2) 回帰分析

　複数の変数の関係性を分析する場合には、回帰分析の考え方が不可欠になります。統計学の教科書などでは回帰分析の説明が後半部分にあるなどの理由から、意外と馴染みが薄いこともあるようです。しかし、実証分析（だけではなくデータサイエンスなど）においては、回帰分析なしにはものごとが進まないと言っても過言ではありません。しっかりと回帰分析の意味や方法を理解しておく必要があります[5]。

　回帰分析はregressionの訳語で、関係性を検証したいデータを、分析者が想定するモデルに当てはめることを意味します。次のような一次関数を考えてみましょう。

4）この2つの点はいずれも12月のデータです。12月はビールの消費量がクリスマスなどで増える一方、アイスクリームの生産量は伸びないため、外れ値が出現しているのです。この外れ値を除いた相関係数は0.89にまで高まります。
5）本章では、最小二乗法の導出方法について概念だけを説明します。多くの計量経済学などのテキストでは数式を用いて厳密に説明していますので、詳しくは後に紹介する計量経済学のテキストなどを参照してください。

図 2 - 3　直線の当てはめ

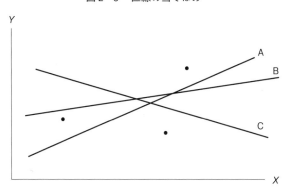

$$Y = \alpha + \beta X \qquad (2\text{-}1)$$

この式は X と Y の関係が直線で示されるということを意味しています。同時に、X と Y の変数には因果関係の意味づけがなされています。X という原因にあたる変数が変化すれば、結果となる変数 Y に影響を及ぼすということです。すなわち、(2-1)式は相関と異なり、$X \to Y$ という因果関係が仮定されています。X と Y の変数は役割が備わっていますからそれぞれ名前があり、X は変数 Y の動きを説明するという意味で**説明変数**と言います。その他にも因果関係の原因であり Y からの影響を受けないという意味で**独立変数**、制御（コントロール）変数等々とも呼ばれます。一方、Y は X から説明される変数ということから**被説明変数**、**従属変数**、反応変数などと呼ばれます。

　さて、データに直線を当てはめる方法を考えてみましょう。図 2 - 3 には 3 つの点が示されています。この 3 つの点を同時に通過する直線を引くことはできませんから、この 3 点の関係をできるだけ忠実に再現できるような直線が望ましいわけです。その望ましい直線は図の A、B、C のどれでしょうか。直線 A と B を選べば X が増えると Y も増える関係がありますが、直線 C では反対に X が増えると Y が減少します。これを判断するには、直線の当てはめ方のルールを決めておく必要があります。このルールの中で最もよく使われる方法が**最小二乗法**（Ordinary Least Squares：OLS）です。

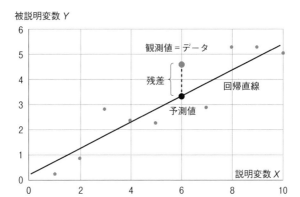

図2-4　回帰分析の考え方

　ここから最小二乗法のルールについて説明します。図2-4をご覧ください。図の中には10個のデータがあり、直線を当てはめた回帰直線があります。回帰直線はどのデータの点も通過していません。例えば$X=6$に相当する点を見てください。$X=6$にあたる回帰直線上の点は、この直線が示す値（予測値と言います）になります。しかし実際のデータ（観測値）とは乖離があります。この乖離を**残差**と言います。

　今後のことを考え、少し記号を用いて説明したいと思います。データの値はX, Yですが、回帰直線によって示された予測値はデータYとは異なりますので、$\widehat{Y}$と記号の上に＾（ハット）を載せて記します。回帰直線の切片と傾きに相当するα, βも最小二乗法で推定されたものですから、これもハットを付けて示しましょう。すると、(2-1)式は

$$\widehat{Y} = \hat{\alpha} + \hat{\beta}X \tag{2-2}$$

となります。さらに実際のデータ（観測値）Yと予測値$\widehat{Y}$の差の残差をeとすれば

$$e = Y - \widehat{Y} = Y - \hat{\alpha} - \hat{\beta}X \quad \Rightarrow \quad Y = \hat{\alpha} + \hat{\beta}X + e \tag{2-3}$$

が成立します。

　では、どのように$\hat{\alpha}, \hat{\beta}$を決めるのでしょうか。これを決めるルールが最小

二乗法です。最小二乗法は (2-3) 式で示される残差の 2 乗を計算し、それを集めた残差二乗和が最小になるように $\hat{\alpha}, \hat{\beta}$ を決め、直線を引くのです。では、なぜ 2 乗するのでしょうか。残差にはプラスもマイナスもあります。これを単純に足し合わせるとプラスとマイナスが相殺されてしまい、大きな残差と小さな残差の情報が活かされなくなります。そのために 2 乗するのです。それが由来となって最小二乗法という名前になっています。

　なお、最小二乗法は回帰分析の 1 つの方法に過ぎません。例えば残差の絶対値をとってその和を最小にするように $\hat{\alpha}, \hat{\beta}$ を決定する方法（最小絶対値法）などもありますが、計算に手間がかかります。そのため、一般に最小二乗法が使われるのです。

　ここまでは説明変数 X が 1 つだけの場合を取り上げてきました。こうした場合の回帰分析はしばしば**単回帰分析**と呼ばれます。一般には、因果関係の結果を示す変数 Y に影響を与える変数 X は 1 つだけではなく、複数の変数が関係する場合があります。消費の動向に影響を与えるのは所得だけではなく、昨年の消費、利子率、資産など多数の原因となる変数が考えられます。もし p 個の説明変数（原因となる変数）があれば、(2-1) 式は次のように書き換えられます。このとき、推定すべき説明変数の係数は $\beta_1, \beta_2, ..., \beta_p$ の p 個になります。

$$Y = \alpha + \beta_1 X_1 + \beta_2 X_2 + \cdots + \beta_p X_p \tag{2-4}$$

(2-4) 式の形式で回帰分析を行う場合を**重回帰分析**と言います。単回帰に比べやや複雑ですが、考え方は同じです[6]。

　回帰分析の話題を終える前に、留意すべき 3 つの点を示しておきたいと思います。

　第 1 は、X と Y の間に直線の関係があることを前提としていましたが、その場合に図 2 - 2 にあるような関係は除外されるのでしょうか。実はそんなこ

6）この式は図 2 - 4 のように平面上で描けません。空間（3 変数以上なら超平面）で表記しなければなりませんが、それは無理です。こうした次元の高い計算を進めるには、行列計算が便利です。行列計算などを含む線形代数の基礎知識があると、実証分析の理論を学ぶ際に役に立つでしょう。

とはありません。いま新しい変数 Z を $Z = X^2$ と書き直せば、(2-1) 式のような直線の関係を Y と Z の間で定めることができます。すなわち $Y = \alpha + \beta Z$ となって、直線の関係性を探ることができるようになります。

第2は、最小二乗法のように直線を当てはめることは計算の手続きであって、ここまでは統計学（確率）の考え方は応用されていないということです。最小二乗法に何らかの確率分布の仮定を置くことで、統計的な検定が可能になります。この点については以下で詳しく述べます。

第3は、どのように因果関係を特定するか、が大事だという点です。回帰分析で初めから X が原因で Y が結果であるとしてきましたが、そこに仮説や理論の検証の意味があります。そして真に因果関係があるのかどうか、ということの検証が実証分析の中核になります。この点については本書の後半の章で詳しく説明します。

2.2　統計学と計量経済学の大雑把な入門

データの種類と相関・回帰分析の概念が理解できれば、実証分析を行うスタート地点にたどり着くことができます。しかし、これはあくまでも出発点に過ぎません。多様で広範な実証分析の様々な手法を理解するには、統計学や計量経済学の知識がどうしても必要になります。この節では、統計学や計量経済学の全体像を示して、実証分析を進めるうえで学ぶべき内容の見取り図を提示したいと思います。もちろん統計学や計量経済学の全貌を詳細に説明することはできませんので、本節のタイトルを「大雑把な入門」としました。

統計学の見取り図

実証分析の手法を学ぶには統計学の素養が不可欠です。実証分析を進めるうえでぜひ学んでおくべき統計学の事項をピックアップしてみたいと思います。なお、あくまでも見取り図ですから、それぞれの内容について詳しく説明するものではありません。詳しい内容を学ぶには、東京大学教養学部統計学教室〔編〕（1991）、栗原（2011）、加藤（2016）あるいは小波（2022）などの統計学のテキストを必ず参照してください。

　伝統的な統計学[7]では、その内容が**記述統計**と**推測統計**の2つに分けられます。記述統計とは、手元にあるデータを要約したりその性質を記述したりするための方法です。一方、推測統計とは、手に入れたデータ（標本）から、それをもたらした母集団の性質を、確率論の考え方を用いて推測する方法です。それぞれについて、実証分析を進めるうえで必要な内容を整理してみましょう。

　記述統計はデータのあらましを示すものですが、そのためにはデータを図示化することが欠かせません。**ヒストグラム**を作成することや、複数の変数間の関係性の確認をするなら**散布図**を描くことは不可欠です。データを視覚化することで得られるヒントは多いはずです。データの統計量をまとめることも大事です。**平均**や**分散**、**標準偏差**、**変動係数**といった基本的な統計量の他、データの代表値としての**中央値**（メディアン）や最頻値（モード）、あるいは四分位数なども大事です。実証分析の論文では、分析するデータの記述統計量を示すことが普通です。データの散らばり具合（分布の開き具合）を見る指標としての分散や標準偏差は重要ですし、また分布の歪み具合を示す歪度や、分布の尖り具合を示す尖度なども知っておきたい内容です。なお、平均がデータの代表値であるというイメージがありますが、所得や資産の分布などでは右裾の長い分布が見られ、その場合には高所得・資産を持つ人によって平均値が影響されてしまう場合があります（図2-5は世帯所得の分布を表していますが、平均値が右方に引っ張られていることがわかります）。そうした場合には、中央値の方が望ましい代表値になるでしょう。その意味でもヒストグラムを作成して分布の形状を確認することが大切になります。

　次に推測統計の内容に移るのですが、統計学の一般的な学習順序では、まずは初等的な確率論を学びます。確率論は統計学を学ぶうえでは欠かせませんが、ここでは割愛します。確率論をもとに、**確率分布**について学びますが、実証分析を進めるにあたって、確率分布の知識は非常に大事になります。確率分布を応用して実証分析が行われるからです。**確率変数**（これには連続型と離散型があります）の概念をしっかり理解したうえで、確率変数の期待値や分散な

7）ここでは頻度主義の統計学を前提としています。近年、ベイズ統計学の比重が高まってきていますが、ここではベイズ統計学については触れていません。

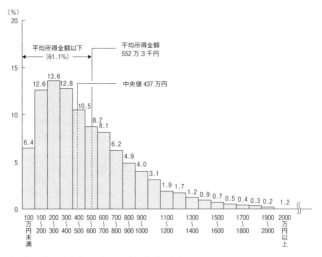

図2-5　世帯所得の分布

出所）厚生労働省「2019年 国民生活基礎調査」。

との考え方に習熟する必要があります。

　また、**母集団**と**標本（サンプル）**の関係についても理解しておく必要があります。母集団から標本を抽出する場合は、一般に無作為抽出で行われます。標本抽出では母集団と標本の特性値の違いを理解しておく必要があります。すなわち、母平均 μ、母分散 σ^2 と標本平均 $\overline{X}$、標本分散 s^2 です[8]。さらに、何度も標本抽出を繰り返して標本平均の平均を計算すると、それは母平均に一致すること、また母集団が正規分布をしていない場合でも、標本サイズが十分大きければ標本平均の分布が正規分布になること（**中心極限定理**）などが大事なポイントになります。正規母集団から標本を n 個抽出すると、その標本平均の分布は $N(\mu, \sigma^2/n)$ になります。こうした点を確認しておいてください。

　それでは、重要な確率分布に話を移しましょう。離散型確率変数の確率分布として最初に説明される分布が**二項分布**です。二項分布は、ある事象が確率 p で生じる場合、n 回の試行でそれが x 回生じる状況を示したものです[9]。二項

8）ここでの記号は一般的に使用されるものを挙げています。

分布は様々な応用がなされる確率分布ですから、ぜひしっかり理解してください。なお実証分析では、二項分布の派生分布である**ポアソン分布**が使われることがあります[10]。ポアソン分布は二項分布において、問題としている事象の生じる確率が低い場合に、多数の試行を行った際の結果を示す分布です。

連続型確率変数の確率分布では、**正規分布**について習熟する必要があります。正規分布の派生形として**スチューデントの t 分布**や**χ^2（カイ二乗）分布**、**F 分布**などがあります。正規分布は回帰分析における統計的検定や推定などにおいて中心的な役割を担っています。

抽出された標本の情報から、平均や分散などの特性値を推し量ることを**推定**と言い、これも統計学では大事な考え方です。母集団全体の特性値を手に入れられない場合（例えば日本におけるすべての世帯の平均消費額など）、抽出された標本からの情報（例えば1000世帯へのアンケート）を使用して、母集団の特性値を推定するのです。推定には点推定と区間推定があります。母平均を推定するとき、点推定とは母平均の値を標本平均の情報から1つの値として与えるような場合であり、区間推定は一定の幅（信頼区間）を伴って母平均の値を示すものです。

仮説検定とは、ある仮説が統計的に確からしいかどうかを判定することを指します。仮説にはそれを棄却したいと考える帰無仮説（H_0 と表記します）と、これを否定する対立仮説（H_1 と表記します）があります。回帰分析で出てくる検定では、「変数 X は変数 Y に影響を与えない」という帰無仮説を棄却することで、変数 X と変数 Y には関係性があることを示すことになります。なお、統計学では母集団の情報（母平均や母分散など）に関する検定のみならず、2つの集団の**平均の差の検定**や比率の差の検定なども重要な事項です。

こうした内容のあとに、前節で説明した相関や回帰分析などの項目が続きます。大学などで学ぶ統計学の範囲には、この他にも様々なトピックスがあります。そのどれも大事な項目です。上記の見取り図で示した項目は、実証分析に

9）例えば1/2で生じる事象（コイン投げの表の出る確率など）がある場合、10回の試行で5回その事象（コインの表）が生じる確率、などにあたります。10回の試行のうち、表が0回〜10回出る確率の分布を示すものが、二項分布の確率分布です。

10）一般化線形モデルとして知られる推定の方法に、ポアソン分布が用いられます。

図2-6 確率分布どうしの関係

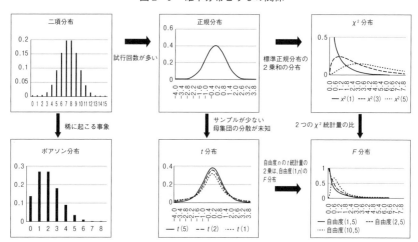

慣れていない大学生などが、実証分析を進めるうえで最低限知っておくべき内容であることを再度、強調しておきます。

実証分析で必要な確率分布の基礎

前項では確率分布について名称を紹介するにとどめました。しかし実証分析（計量経済学）では、確率分布についてよく理解しておくことが欠かせません。ここでは特に、連続型確率変数に伴う確率分布の基礎的な事項をまとめておきたいと思います。

正規分布は回帰分析における統計的検定においても重要な役割を果たすと同時に、他の確率分布の中心になるものです（確率分布間の関係については図2-6を参照してください）。正規分布は一般に $N(\mu, \sigma^2)$ として表されます。μ が平均、σ^2 が分散です。平均が 0、分散が 1 である正規分布を **標準正規分布** と言い、その値は z 値と表記されます。一般の正規分布の値を標準正規分布に変換することを **標準化** と言います。標準化の公式は(2-5)式のようになります。

$$z = \frac{X - \mu}{\sigma} \tag{2-5}$$

図 2 - 7　　標準正規分布の棄却域

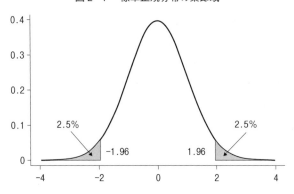

　標準正規分布は様々なところで使われます。最も大事な役割は、区間推定や仮説検定における信頼区間や棄却域の設定です。仮説検定を例に示してみましょう。図 2 - 7 は標準正規分布を示していますが、両側の区域（グレーの部分）は全体で 5 ％の確率で生じる領域です。このときの z 値は ±1.96 となります。何らかの帰無仮説を検証して、その際に計算された z 値が絶対値で1.96よりも大きければ、5 ％の確率でしか生じないようなことが起きたと解釈できます。すなわち、ほとんど生じないことが起きたのですから、もともとの仮説（帰無仮説）が疑わしい、したがって帰無仮説を棄却するということになります。このような形で標準正規分布を利用します。z 値と棄却域の大きさの関係についてはどの統計学のテキストでも説明されています。

　次に、他の確率分布について考えてみましょう。正規分布に従う母集団からの標本抽出を行うとき、標本平均の分布は $N(\mu, \sigma^2/n)$ という正規分布で表すことができると前項で述べました。これを標準化すると、(2-5)式から（分散が σ^2/n であることに注意してください）、$z = (X-\mu)/(\sigma/\sqrt{n})$ になります。しかし、実際に母分散 σ^2 が事前にわかっていることは期待できません。また標本ですから n も小さいかもしれません。そこで母分散 σ^2 の代わりに標本分散 s^2 を代用して z を t と置き換えると、$t = (X-\mu)/(s/\sqrt{n})$ となります。この値を **t 値**と言い、スチューデントの t 分布に従うことが知られています。この t 分布は正規分布の代用品として、回帰分析の統計的検定で大活躍することにな

ります。

χ^2 分布は、正規分布に従う確率変数を2乗したものをいくつか合計した変数の分布です。なぜこうした複雑な分布を用いるかというと、正規分布に従う複数のデータを同時に扱うことができるからです。分散の計算式を思い出してください。標本分散では、各データの値から標本平均を引き、それを2乗して合計することで求めました。ここで χ^2 分布が分散の分析に用いられることがわかると思います。さらに F 分布は、2つの χ^2 分布に従う値の比として得られる分布です。これも回帰分析における検定で活躍します[11]。

計量経済学の見取り図

統計学の見取り図と同様に、ここでは実証分析を進めるうえで学んでおくべき計量経済学の項目のリストを示しておきたいと思います。計量経済学の詳細な内容を学ぶには、森田（2014）や山本（2015）、西山他（2019）などのテキストをぜひ参照してください。

すでに回帰分析の考え方については説明しました。また、このあとの節で回帰分析の入門的内容をお話しします。したがって、以下ではデータの種類によって、どのような分析手法があるかをまとめてみたいと思います。

データにはクロスセクションデータ、時系列データ、これらをあわせたパネルデータがあることを説明しました。計量経済学の入門としては、クロスセクションデータを用いた分析に習熟する必要があります。単回帰分析や重回帰分析の方法はもちろんのこと、統計的な推定についても慣れておく必要があります。関係性の分析では回帰分析は因果関係を検証するものだと述べましたが、因果関係が存在するのかどうか、あるいはそれ以前に変数 X は変数 Y に影響しているのか、などを確認しなければなりません。そのため、回帰分析では、係数の有意性検定や信頼区間の推定、決定係数などの議論に精通しておくこと

---

11) 詳細には触れませんが、F 分布の使い方として次のような場合があります。2つの回帰式を比較する場合、一方の回帰式には他方より多くの説明変数が含まれているとします。そのとき、説明変数を付加的に追加することが有効かどうかを検討するには、2つの式を推計したあとの残差の比較で行います。この比較を行う際に F 分布が使われます。

が不可欠です。また、重回帰分析であれば**多重共線性**や**欠落変数**などの変数選択への対応も必要です。回帰分析はただ推定すればいいのではなく、そのモデルが適切なのかどうかについて多様な視点から検討できるようにすべきです。さらには、説明変数 X と被説明変数 Y に線形関係を仮定することは適切なのかどうか、非線形モデルとして扱えないかなどについても検討する必要があります[12]。加えて、次の節で説明しますが、**分散不均一性**が生じていないか、説明変数と被説明変数の間の因果関係が逆ではないか、などにも目を配る必要があります。こうした一連の基礎的な知識を、まずは確実なものとしてください。

　計量経済学では、ミクロデータと時系列データに分けて説明をするテキストもあります。ミクロデータにはクロスセクションデータとパネルデータが含まれ、ミクロデータ分析（しばしば**ミクロ計量経済学**と呼ばれます）では個人や個別企業などの個票レベルのデータ分析が中心になります。また、マクロレベルのデータでは主として**時系列分析**の手法が使われますが、時系列分析では固有の概念も多く、やや複雑な取り扱いが必要になります。また（最近ではやや時代遅れの感もあるのですが）、マクロの時系列データを用いた**同時方程式体系**なども固有の分析手法です。

　ミクロ計量経済学にはどのような手法があるのかを簡潔に整理しておきましょう。冒頭でも説明したように、データには質的なデータがあります。試験に合格した場合に 1、不合格の場合には 0 をとる変数や、働いている人には 1、そうでない人に 0 を与える変数などを被説明変数として扱うモデルを**二項選択モデル**と言います。試験に合格するための要因を分析する場合には、試験を受けた人を対象に、勉強時間や模擬テストの成績などのデータを集めて、これを説明変数にするでしょう。被説明変数は 1 もしくは 0 をとる質的データです。こうした分析では**プロビットモデル**もしくは**ロジットモデル**といった分析手法が使われます。さらに、アンケート調査などで意見表明を求め、強く賛成 4、賛成 3、どちらでもない 2、反対 1、強く反対 0 などのような回答事項から被

---

12) ここでいう非線形モデルとは、図 2-2 のような線形関係に置き換えられない式、例えば変数 X と Z が掛け合わさって変数 Y に影響を与えるような式 $Y = \alpha + \beta XZ$ のことを言います。

説明変数を設定し、その個人の属性（年齢や学歴など）との関係を探る場合もあるでしょう。こうした場合には**順序プロビットモデル**などが使われます。その他、選択肢に順序関係がない場合（例えば交通手段を聞いて、「徒歩」を1、「自転車」を2、「電車」を3とするなどの名義尺度を用いた**多項ロジットモデル**があります。少し高度な場合としては、アンケートなどで所得の上限が打ち切られているようなデータ（所得の上限が1000万円以上など）に適用する**トービットモデル**や、特定のサンプルしか観測できない場合に適用される**ヘキットモデル**など多様な方法があります。実証分析の目的やデータに応じてこうしたモデルを使用することになります。

　パネルデータはミクロデータに限らず、国や地域ごとの時系列データを組み合わせた形式も考えられます。ミクロデータでは個別主体に相当するクロスセクションの数が多い一方で、時系列部分は少なくなることが一般的でしょう。一方、国や地域のパネルデータではクロスセクションの数は限られているものの、時系列データの部分が相対的に豊富になります。パネルデータの分析では、すべての個別主体・時間が同質であるとする**プーリングモデル**、個別主体の違いを定数項の違いで表現する**固定効果モデル**、個別主体の違いを確率的に捉える**変量効果モデル**などがあります。

　時系列分析はやや特殊な分野かもしれません。マクロデータなどではある時点の変数の値が、その変数の過去の値と相関しているという前提から分析を進めます。ある時点のデータの値を被説明変数とし、その変数の過去時点の値を説明変数にするといった**自己回帰モデル**や、それを複数のマクロ経済変数で表現する**ベクトル自己回帰モデル**（VAR モデル）などの分析手法があります。実証分析で時系列データを扱う場合には、こうしたモデルの使用を検討する必要があります。

　最後に触れておきたいものが同時方程式体系です。マクロ経済学の IS-LM モデルなどを想像してみてください。所得や金利、貨幣需給などが相互依存的に決定されるのが IS-LM モデルです。このように相互依存する変数を、連立方程式のようなモデルで表現するものが同時方程式体系です。最近ではあまり見かけなくなりましたが、その考え方を学んでおくことも、分析手法の引き出しを充実させるために大事なことだと思います。

2.3 回帰分析のはじめの一歩：結果をどう解釈すればいいか

　回帰分析の基本的な考え方はすでに説明しましたが、ここでは統計的な検定や標準的な仮定からの逸脱など、実証分析に際して直面する課題について説明したいと思います。この節の内容は、計量経済学の基本となる部分です。

回帰分析と統計的検定

　回帰分析の対象となる線形モデルを示します。まずは数式を示して、その意味するところを説明します。(2-6) 式が一般的な線形モデルです。

$$Y_i = \alpha + \beta_1 X_{1i} + \beta_2 X_{2i} + \cdots + \beta_k X_{ki} + \varepsilon_i \tag{2-6}$$

このモデルでは説明変数が k 個あり、これらが $X_1, X_2, ..., X_k$ で表されています。またデータの数は n 個あるとして、X_{1i} は X_1 という変数の i 番目のデータであることを表しています。データの個数については $i = 1, ..., n$ というように表記します。この被説明変数と説明変数の下付きの添え字 i については、時系列データの場合には t となる場合もあります。消費関数に例をとると、n 個のデータのうち i 番目のデータを用いると次のように書けるということです。

$$消費_i = 定数項 + \beta_1 \times 所得_i + \beta_2 \times 資産_i + \varepsilon_i$$

ここで注目したいのが、最後にある ε_i です。これは**誤差項**（撹乱項）です[13]。この誤差項が回帰分析と統計的検定を橋渡しする役目を担います。(2-6) 式は被説明変数 Y を k 個の説明変数で説明しようとしていますが、Y を決定する要因はこれだけとは限りません。モデルとして定式化できない（つまり k 個の説明変数以外の）要因があるかもしれません。また、各データを計測する際に誤差が生じることがあるかもしれません。したがって、説明変数 $X_1, X_2, ..., X_k$ が同じ値であっても異なる Y が観測されることがありえます。その〝揺らぎ〟の部分を示すのが誤差項です[14]。

　ここからが回帰分析の核心になります。回帰分析で直線（説明変数が 1 つの

---

13) ε_i 以外にも u_i などと表記されることがあります。

場合）を推定する方法として最小二乗法を説明しましたが、これは確率分布などの統計学的推論を含まない計算手順にすぎません。誤差項は実際にどのようなものかはわかりませんし、"揺らぎ" を担うという意味では確率的な要素を持つと想定していいでしょう。したがってこれ以降、誤差項 ε は確率変数であるとします。そうなると (2-6) 式から、確率変数が加わった被説明変数 Y も確率変数になります。さらに誤差項 ε は正規分布に従うと考えます。正規分布ですからその分布は $N(\mu, \sigma^2)$ と書けます。ここで平均 μ は 0 と仮定し[15]、分散は未知の値 σ^2 とします。この誤差項の分散の値を推計することも回帰分析では重要です。

次に、(2-6) 式で推定すべき係数 β について考えましょう。最小二乗法で推定された係数 β は頭にハットを付して $\hat{\beta}$ で表されます。この $\hat{\beta}$ がどのような分布をするかがわかれば、その分布を前提とした仮説の検定（例えば係数 β が 0 であるかどうかの検定）を行うことができます。そのためには $\hat{\beta}$ の分布の形を知る必要があるのです。

最小二乗法によって β の推定量 $\hat{\beta}$ を導く過程は計量経済学のテキストに譲ります。結論から述べれば、誤差項 ε が正規分布に従う確率変数であれば、$\hat{\beta}$ もまた正規分布に従います。その平均値は真の値である β ですが、もちろんこの真の値 β は未知ですから、得られた $\hat{\beta}$ の推計値からの統計的な推測によって判断するしかありません。

ここまでで、最小二乗法を用いた回帰分析に関する統計的な検定の準備が整いました。一般の計量経済学のテキストであれば地道に数式の導出を説明して、統計的検定にかかわる多くの公式を得ますが、本書では実証分析に取り組む初学者に知っておいてほしい結果のリストを示すにとどめます。

① 最小二乗推定量 $\hat{\beta}$ は正規分布に従う。

---

14) 誤差項と残差は異なります。残差は最小二乗法などで (2-6) 式が推定されたあとに、その係数を用いて Y の予測値 $\hat{Y}$ を計算した場合の実際のデータとの乖離です。なお、残差には誤差項の重要な情報が含まれます。誤差項は事前の理論的設定、残差は事後的な計算結果と考えるとわかりやすいかもしれません。

15) 説明変数以外の要因の影響はプラスになることもマイナスになることもありえますが、その期待値としては 0 であると想定することが自然です。

〔参考〕説明変数が1つの場合、$\hat{\beta}$ は平均が β、分散が $\frac{\sigma^2}{\sum_{i=1}^{n} x_i^2}$ である正規分布に従う。なお、x_i は平均からの偏差で $x_i = X_i - \overline{X}$ である。

② 何度も $\hat{\beta}$ を計測すると、その期待値は真の値 β と等しくなる[16]。このとき、$\hat{\beta}$ は不偏推定量であると言う。

③ $\hat{\beta}$ の分布は標準正規分布に変換して解釈できる。

〔参考〕$\hat{\beta}$ の分散を σ_β^2 とすると（説明変数が1つの場合、$\sigma_\beta^2 = \frac{\sigma^2}{\sum_{i=1}^{n} x_i^2}$）、$z = \frac{\hat{\beta} - \beta}{\sigma_\beta}$ は標準正規分布 $N(0,1)$ に従う。

④ ただし、誤差項 ε の分散 σ^2 は不明なので、残差 e の分散で代用する。

〔参考〕残差 e を用いて $s^2 = \frac{\sum e_i^2}{n-p}$ を計算し、σ^2 を代用する。ただし、n はデータの数、p は定数項と説明変数の数の合計である。

⑤ $z = \frac{\hat{\beta} - \beta}{\sigma_\beta}$ の σ_β を、残差 e の分散 s^2 を用いて計算したもの（$\hat{\sigma}_\beta$）に置き換えると、標準正規分布の代用品である $t = \frac{\hat{\beta} - \beta}{\hat{\sigma}_\beta}$ は自由度 $n-p$ の t 分布に従う。

　⑤で述べているように、最小二乗推定量 $\hat{\beta}$ に関する統計的検定は t 分布を用いて行うことになります。

　進んだ話題になりますが、誤差項 ε が正規分布以外の分布になると仮定しても、回帰分析における推定と仮説検定を行うことはできます。こうしたより一般的なモデルを**一般化線形モデル**と言います。例えば、誤差項にポアソン分布やロジスティック分布などを仮定することもできます[17]。

回帰分析の結果を読む：具体的な例をもとに

　回帰分析を最小二乗法で実際に行うためには、エクセルなどの表計算ソフトや計量分析のための専門ソフトを使うことが一般的です（これについては第6章で説明します）。実際に最小二乗法を適用してその結果を読み解きながら、実証分析に必要な事項を説明します。

---

16) この世界に真の β の値があるとしても、それを推測するには手元にあるデータが唯一の手がかりになります。このデータは標本抽出によって得られたとすると、異なる標本の異なるデータからは、異なる β の推定値が得られることになります。その平均をとると真の値 β に一致するということです。

17) 推定には最尤法という方法が用いられます。

例として Wooldridge（2013）で取り上げられている、時間当たり賃金とそれに影響する要因のデータ[18]を使います。仮説としては「教育年数（*educ*）が長く、就業経験（*exper*）が長く、また現職の期間（*tenure*）が長いほど、賃金は高い」とします。説明変数はこの *educ, exper, tenure* の 3 つです。被説明変数は時間当たり賃金の対数をとったもの（*lwage*）とします。なお、データの数は526です。上記の仮説を式で表すと、

$$lwage = \alpha + \beta_1 educ + \beta_2 exper + \beta_3 tenure + \varepsilon \qquad (2\text{-}7)$$

となります。これを最小二乗法で推定した結果を示した表が、表2-1と表2-2です。表2-1は gretl という計量経済学用のソフト、表2-2は R という世界で最も広く使用されているデータ分析用のソフトを使って計算したアウトプットです。結果を示す表の項目①～⑪について説明していきます。

(2-7)式で推定すべき係数は $\alpha, \beta_1, \beta_2, \beta_3$ および誤差項の分散 σ^2 の5つです。表の①は推定された係数の値を示しています。定数項は0.284、また β_1 は0.092などです。最初に注目すべきは係数の推定値の符号です。$\beta_1, \beta_2, \beta_3$ はいずれもプラスですから、教育年数が長いほど賃金が高い、などの上記の仮説は支持されているようです。しかしこの値が統計的に意味を持っているのかどうかは（このことをしばしば「統計的に有意」と記します）、以下の指標を見る必要があります。前項で説明したように、$\hat{\beta}_1$ を以下のように変形すると、自由度 $n-p$ の t 分布に従います。

$$t = \frac{\hat{\beta}_1 - \beta_1}{\hat{\sigma}_{\beta_1}} \qquad (2\text{-}8)$$

(2-8)式の分母にあたる値が、②の標準誤差として示されています。教育年数に相当する β_1 では0.0073です。(2-8)式の分子に着目してください。ここで β_1 には仮説として検定したい値を代入します。β_1 に関して何らかの信念を持ち、その値を検証するならその値を代入すればいいのですが、一般には $\beta_1 = 0$ を

18）WAGE1.csv としてインターネットから入手できます。アメリカにおける1976年のセンサスのデータから Wooldridge が作成したデータセットです。

表2-1　最小二乗法の結果（gretl）

```
モデル 1: 最小二乗法(OLS)，観測: 1-526
従属変数: lwage
                 ①           ②          ③        ④
                係数        標準誤差      t値       p値
                                                            ⑤
  ---------------------------------------------------------------
  const     0.284360    0.104190      2.729    0.0066      ***
  educ      0.0920290   0.00732992   12.56     8.82e-032   ***
  exper     0.00412111  0.00172328    2.391    0.0171      **
  tenure    0.0220672   0.00309365    7.133    3.29e-012   ***

     Mean dependent var    1.623268    S.D. dependent var    0.531538
  ⑥  Sum squared resid   101.4556      S.E. of regression    0.440862   ⑦
  ⑧  R-squared             0.316013    Adjusted R-squared    0.312082   ⑨
  ⑩  F(3, 522)            80.39092     P-value(F)            9.13e-43   ⑪
     Log-likelihood     -313.5478      Akaike criterion     635.0956
     Schwarz criterion   652.1568      Hannan-Quinn         641.7758

  Log-likelihood for wage = -1167.39
```

表2-2　最小二乗法の結果（R）

```
Coefficients:   ①           ②          ③       ④
              Estimate  Std. Error  t value  Pr(>|t|)   ⑤
(Intercept)   0.284360   0.104190    2.729   0.00656   **
educ          0.092029   0.007330   12.555   < 2e-16   ***
exper         0.004121   0.001723    2.391   0.01714   *
tenure        0.022067   0.003094    7.133  3.29e-12   ***
---
signif. codes: 0 '***' 0.001 '**' 0.01 '*' 0.05 '.' 0.1 ' ' 1

⑦Residual standard error: 0.4409 on 522 degrees of freedom
⑧Multiple R-squared:  0.316,    ⑨Adjusted R-squared:  0.3121
⑩F-statistic: 80.39 on 3 and 522 DF, ⑪p-value: < 2.2e-16
```

検証します。$\beta_1 = 0$ を仮定すると、賃金に教育年数は影響しない、ということになります。つまり、(2-7)式では教育年数は説明変数として不要である、とうことになります。したがって(2-8)式は $\beta_1 = 0$ を考慮すれば、推定された β_1 の係数①を分母の標準誤差②で除した値である t 値となります。③がその値ですが、12.555という大きな値になっています。これは t 分布の右裾の先の方にある値ですから、帰無仮説が棄却される範囲に入りそうです。t 値の値だけではわかりにくいので、表では④に p 値が記載されていますが、これは $t = 12.56$ という値よりさらに帰無仮説から外れた値が生じる可能性はほぼ0である、ということを示しています[19]。この値が小さいほど、$\beta_1 = 0$ という

19）表2-1では8.82e-032、表2-2では2e-16と表記されていますが、いずれも非常に小さい値であることを示しています。コンピュータの性質上、0という表示はできないからです。

可能性は小さく、したがって $\beta_1 = 0$ という帰無仮説は棄却されます。⑤のアスタリスクは、この情報を視覚的に示したものです。3つのアスタリスク ***は、$\beta_1 = 0$ であるという可能性が1％以下であることを示し、このことを「有意水準1％で帰無仮説が棄却された」と表記します。なお、** は5％以下、* は10％以下で帰無仮説が棄却されたことを意味します。以上から、教育年数は有意水準1％で賃金に正の影響を与えて $\overset{\cdot\cdot}{い}\overset{\cdot}{な}\overset{\cdot}{い}\overset{\cdot}{こ}\overset{\cdot}{と}\overset{\cdot}{は}\overset{\cdot}{な}\overset{\cdot}{い}$、と結論できます[20]。なお、$\beta_1 = 0$ という帰無仮説が棄却されても、β_1 の値がいくつであるという特定の値を指しているのではないことに留意してください。教育年数は賃金に影響しないことはない、ということを示すことが目的です。

　表2-1の⑥（Sum squared resid）を見てください（表2-2では省略されています）。これは残差を2乗して合計した値を計算したものです（$\sum e_i^2$ です）。これを $n - p = 526 - 4 = 522$ で割ると、誤差項の分散の推定量が、またこれを開くと（ルートをとると）標準偏差が計算されます。その結果が⑦（S.E. of regression もしくは Residual standard error）の0.4409という値になります。この値が計算されているので、②の標準誤差が求められるのです。先に⑩を説明しておきたいと思います。これは F 統計量の値を計算したもので、帰無仮説は $\beta_1 = \beta_2 = \beta_3 = 0$、つまりすべての説明変数は賃金に影響しないという仮説になります。⑪にあるようにその p 値はほぼ0であるので、この帰無仮説も棄却されています。

　⑧（R-squared）と⑨（Adjusted R-squared）の指標も大事です。⑧は**決定係数**と呼ばれ、説明変数が被説明変数の動きをどの程度説明しているかの指標で、0～1の間の値をとります。ここでは、(2-7)式の3つの説明変数で賃金の変動の31.6％を説明できたということを示しています。決定係数は説明変数の数が多いほど高くなる傾向を持ちますので、説明変数の数の多寡を調整して計算したものが、⑨の**調整済み決定係数**です。表の例では0.312となっています。

　ここまでで、最小二乗法とその結果の解釈に関する入門はひとまず終了で

20）積極的に「与えている」とはいえません。帰無仮説を棄却することは積極的な肯定にならないことに留意してください。

す。

標準的な仮定からの逸脱

　最小二乗法の適用には様々な仮定があります。いずれも理想的な状況を想定しているのですが、現実にはそうはいきません。理想的な状況から外れた場合について説明したいと思います。

　最小二乗法では、以下の**古典的回帰モデルの仮定**というものがあります。

〔仮定 1〕説明変数 X は非確率変数である。

〔仮定 2〕誤差項 ε は確率変数であり、平均は 0、分散は σ^2 の正規分布に従う。

〔仮定 3〕異なる 2 つの誤差項の間には相関はない。

〔仮定 4〕説明変数と誤差項の間には相関はない。

　詳細は省きますが、この 4 つの仮定が満たされるとき、最小二乗推定量は**最良線形不偏推定量**（Best Linear Unbiased Estimator：BLUE）と呼ばれ、統計学的に好ましい性質を持つことが知られています。

　〔仮定 1〕は、誤差項 ε と被説明変数 Y は確率変数ですが、説明変数 X は〝固定された値〟であって確率変数ではないということを意味します。進んだ計量経済学では、説明変数 X が確率変数であっても問題ないということを学びます。

　すでに〔仮定 2〕については説明してきました。ここで大事なことは分散が一定であるという部分です。このことは自明でしょうか？　いま所得と消費の関係についての回帰分析を行い、最小二乗法で推定を行ったとします。所得が低い場合にはそれぞれの消費額のバラツキは小さいかもしれませんが、所得が高くなるにつれ消費の余裕度（自由度）が高まり、個々の消費額のバラツキは大きくなることが考えられます。このような場合には、図 2−8 にあるように、所得が大きくなるほど誤差項の分散は大きくなるなど、分散が一定であるという仮定は成立しなくなります。これを**分散不均一**と言います。分散不均一があると統計的検定の前提が崩れ、t 値などは不正確な値となってしまいます。分散不均一があるかどうかについては**ホワイトの検定**や**ブロイシュ＝ペーガン検**

図2-8　不均一分散のイメージ

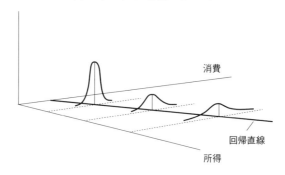

定などで確認する必要があります。分散不均一は主にクロスセクションデータやパネルデータを取り扱う際に問題となります。

　〔仮定3〕は、誤差項は他の誤差項と相関がない（独立である）ということを示していますが、時系列データを扱う場合にはこの仮定が満たされないことが多くあります（パネルデータでも問題になる場合があります）。これを**系列相関**と言います。誤差項に相関が見られる場合、最小二乗法で得られたt値などは歪みを持ち、統計的検定は不正確になります。系列相関の有無については残差を用いた**ダービン＝ワトソン検定**を行って確認します。なお、ダービン＝ワトソン検定で系列相関が疑われる場合には、定式化の誤り（重要な説明変数を加えていないなど）も疑われますので、改めて推定すべき式などを確認する必要もあります。

　最後の〔仮定4〕ですが、これも大事です。誤差項は回帰分析に用いた説明変数以外に、被説明変数に影響を与える要因をまとめたものでした。したがって、説明変数と誤差項の間には相関があってはならないということになります。しかしながら、これも現実には妥当しない場合があります。〔仮定4〕が成立しないと係数が正確に推定されなくなります。説明変数と誤差項の間に相関が生じる場合として、以下の3つのケースが考えられます。第1は、**欠落変数バイアス**（歪み）です。すでに述べたように、推計するべき式に重要な要因を含めなかった場合、その要因は誤差項に含まれますが、この欠落変数が他の説明変数と相関を持つ場合には、誤差項と説明変数の間に相関が生じます。

　第2は、**同時決定バイアス**です。以下のシンプルなマクロモデルを見てください。

$$\begin{cases} Y = C + I \\ C = \alpha + \beta Y + \varepsilon \end{cases}$$

最初の式は Y（GDP）を決める恒等式で、2番目の式は消費関数です。消費関数を単独で推定したとします。このとき、誤差項 ε が変化すると消費 C が変化し、同時に1番目の恒等式から Y も変化します。このように同時決定が行われるモデルでは、説明変数と誤差項の間に相関が生じることがあります。

　第3は、説明変数自体が内生変数であるという、**内生性**が存在する場合です。一般に説明変数は他の変数の影響を受けずに独立に決まる**外生変数**（因果関係の原因に相当）であり、被説明変数はこの説明変数によって影響を受ける**内生変数**（因果関係の結果に相当）であるとされます。しかし説明変数 X が被説明変数 Y によって影響を受ける（逆の因果関係が存在する）場合に、説明変数と誤差項の間に相関が生じます。具体的な例として、警察官の数と犯罪との関係を考えてみましょう。犯罪が増えるほど、治安のために警察官の数が増えると想像されます。このとき、警察官の数は被説明変数で、犯罪数が説明変数になります。しかし、警察官の数が増えると治安がよくなり、犯罪が減るとも想定されます。この場合には警察官の数が説明変数で、犯罪数が被説明変数となります。言い換えれば、警察官の数も犯罪数もいずれも内生変数であるということになります。

その他の最小二乗法での有用なツール

　ここまでで、初学者が最小二乗法による回帰分析を行う際の基礎的な知識（のリスト）の紹介が終わりました。最初の一歩はこれで十分ですが、しかし付け加えておきたいこともまだまだたくさんあります。ここでは残された課題のうち、実証分析を志す読者にどうしても説明しておくべき4つの点を取り上げてみました。

　第1は、なぜ重回帰分析が必要であるかということです。説明変数が1つしかない場合には、被説明変数に影響を与える要因が1つでしかない、というこ

とを暗黙のうちに仮定しています。しかし、複雑な社会事象を考慮すれば、ある事柄に影響を与える要因は無数にあるはずです。そのためには、因果関係として明らかにしたいと考える変数以外の変数の影響を取り除く必要があります。そのため、重要であると考える要因を複数取り出して重回帰分析を行う必要があるのです。このことを実証分析では「他の要因をコントロールする」と言います。なお、その際に注意すべきことに**多重共線性**の問題があります。これは、複数の説明変数どうしに強い相関が存在する状況を指します。強い相関を持つ変数が説明変数に並ぶと、それぞれの最小二乗法で推定された係数の推定値に歪みが生じます。相関がまったくない説明変数はないかもしれませんが、強い相関がある説明変数はいずれかを削除することが大切です。そのためには事前に相関係数を測定しておくことが欠かせません。

　第2は、**操作変数**の考え方です。これは前項で述べた説明変数と誤差項に相関がある場合への対処法です。やや上級の話題ではありますが、知っておいてほしい内容の1つです。操作変数法とは、「説明変数と相関が高いが、しかし誤差項とは相関していないような変数」を探し、これを説明変数の代わりに用いて最小二乗法を適用する方法です。簡単なようですが、そのような便利な変数を見つけることは実際には難しい場合が多いでしょう。操作変数法では、しばしば**二段階最小二乗法**という方法が使われる場合があります。詳細については加藤（2012）などの計量経済学のテキストを参照してください。

　第3は、外れ値と**ダミー変数**の利用です。外れ値については相関の項で説明しました。図2-9を見てください。これは2015年の国勢調査をもとに、女性の就業率と出生率（TFR）の関係を都道府県別データで描いたものです。説明変数を20～49歳女性の就業率、被説明変数をTFRとして最小二乗法で直線を描くと、①のような直線になります。しかしデータを眺めると、沖縄県だけが外れ値になっています。そこで、説明変数として沖縄県を1、その他の都道府県を0とするダミー変数を加えて最小二乗法で推定すると、傾きがより急になった直線②が描けます。さらに、沖縄県には傾きは直線②と同じで、切片（定数項）だけ沖縄県が大きい直線③を引くことができます。このようにしてダミー変数をうまく用いると、外れ値に対応することも可能です。なお、外れ値を無視すると直線の傾きに歪みが生じますので、外れ値があるかないかについ

図2-9 都道府県別出生率と女性の就業率（2015年）

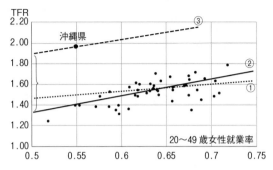

出所）総務省統計局「国勢調査」、厚生労働省「人口動態調査」。

て、必ず散布図を描いて事前に確認することが必要です。

第4は、非線形モデルへの対応です。図2-2でも説明しましたが、非線形の関係であっても2乗などとした値を改めて新しい変数にする、あるいは掛け算で表現される式の両辺に対数をとって線形（の足し算）にすることが可能です。コブ＝ダグラス型生産関数を考えてみましょう。一般にコブ＝ダグラス型生産関数は

$$Y = AK^{\alpha}L^{\beta}$$

で表されます。ここで Y は GDP、K は資本ストック、L は労働力です。知りたい係数は A, α, β の3つです。このままでは推定ができませんから、両辺に対数をとります。すると

$$\log Y = \log A + \alpha \times \log K + \beta \times \log L$$

となって、線形モデルとして(2-6)式のように推定が可能になります。回帰分析で非線形モデルと言われるものは、こうした対応をしても線形モデルに変形できないようなものです。1つの例として、$Y = \beta X/(\alpha + X)$ のような形式が、本来の非線形モデルになります。

参考文献

岩田暁一（1983）『経済分析のための統計的方法（第2版）』東洋経済新報社。

加藤久和（2012）『gretl で計量経済分析』日本評論社。

加藤久和（2016）『高校生からの統計入門』ちくまプリマー新書。

栗原伸一（2011）『入門統計学：検定から多変量解析・実験計画法まで』オーム社。

東京大学教養学部統計学教室〔編〕（1991）『統計学入門（基礎統計学Ⅰ）』東京大学出版会。

西山慶彦・新谷元嗣・川口大司・奥井亮（2019）『計量経済学（New Liberal Arts Selection）』有斐閣。

森田果（2014）『実証分析入門：データから「因果関係」を読み解く作法』日本評論社。

山本勲（2015）『実証分析のための計量経済学』中央経済社。

山本拓（1995）『計量経済学』新世社。

Vigen, T.（2015）*Spurious Correlations,* Hachette Books.

Wooldridge, J.（2013）*Introductory Econometrics: A Modern Approach,* 5th edition, Southwestern Publishing.

ウェブ上の参考文献

小波秀雄（2022）「統計学入門」（http://konamih.sakura.ne.jp/Stats/Text/Statistics.pdf　最終閲覧日：2022年9月16日）。

第3章 実証分析のカタログ（Ⅱ）

3.1 はじめに

　少子高齢化の進展にあわせて年金制度は改革されていますが、2004年から続いた保険料率の引き上げが終わり、今後は給付水準の抑制、つまり所得代替率の引き下げが行われます。わが国の高齢者の多くはその生活資金を公的年金に依存していますので、所得代替率の低下は高齢者の生活水準の低下につながります。一方、わが国の高齢者の持ち家比率は非常に高く、高齢者は住宅という資産を保有しています。このため、住宅資産を担保に金融機関から生活資金の融資を受け、高齢者の死亡後に金融機関が住宅資産を取得するリバースモーゲージという仕組みが注目されます。

　土橋・倉重・後藤・金・金谷（2013）[1] は、リバースモーゲージの普及のために有効な政策は何かを明らかにするための分析を行っています。検証される仮説は以下の3つです。

① 戦略的遺産動機を持つ者ほどリバースモーゲージを選択しない。

② これから高齢化する世代では家の相続に対する意識がいままでと異なり、マーケットが外部化しやすくなっている。

③ リスクの除去や建物評価改善がリバースモーゲージの選択に好影響を与え

1）千田研究会 ISFJ（日本政策会議）提出論文。2013年度 ISFJ 政策フォーラムで最優秀論文賞を受賞した。

る。

　検証に使用するデータは「老後生活のリスク認識に対する調査，1998」（生命保険文化センター）[2]の中にあるリバースモーゲージの利用意向に関する質問に対する回答を4段階にまとめて、それを被説明変数とし、世帯や世帯主の属性や遺産についての考え方などで説明しています。また、利用に肯定的な回答者を1、否定的な回答者を0とする二値変数を被説明変数として、世帯属性や利用したくない理由を説明変数とする分析も行っています。3つの仮説はいずれも分析によって支持されたので、それに基づいて政策提言が行われています。

　第4章で詳しく説明されていますが、現在ではこの分析に使われたデータのようなアンケート調査の個別回答結果（個票データ）を学部学生が利用することは難しくありません。また、インターネットを用いて独自の調査を行うことも可能です。そのようなデータを使用する場合、紹介した論文のように、被説明変数が特定の値だけをとるということが一般的です。この論文では、最初の分析では被説明変数は1, 2, 3, 4の4つの値のみをとり、2番目の分析では0と1の2つの値をとります。回帰分析において、このような特定の値だけをとる変数が説明変数として用いられる場合は、連続変数を用いる場合と扱いは同じです。これは第2章で説明されています。しかし、このような変数が被説明変数として用いられるときには事情は大きく異なります。

　本章では、被説明変数が特定の値、限定された値だけをとる場合の分析方法について説明します。3.2節では、被説明変数が0と1の2つの値だけをとる場合を扱います。先の例では「リバースモーゲージ」に「肯定的」と「否定的」の二択でした。ある問題についての経済主体の意向や考え方以外に、実際に過去に選択した結果、例えば「既婚」「未婚」、「子どもあり」「子どもなし」、「持ち家あり」「持ち家なし」なども0と1の二値変数で表すことができます。

　3.3節では、選択肢が3つ以上になり、選択肢に自然な順序が付く場合を扱

2）東京大学社会科学研究所附属社会調査・データアーカイブ研究センター「SSJデータアーカイブ」から、「老後生活のリスク認識に関する調査，1998」（生命保険文化センター）の提供を受けた。

います。「大いにそう思う」「ややそう思う」「どちらとも言えない」「あまりそう思わない」「まったくそう思わない」といった選択肢です。先の例ではリバースモーゲージへの関心の強さで順序が付いています。

　3.4節では、選択肢が3つ以上で順序が付かない場合を扱います。小さい子どもがいる場合の就業との両立のための方策では、「育児休業を取得する」「保育所へ預ける」「同居家族に依頼する」などの選択肢が考えられますが、これらの選択肢には自然に順序は付きません。やや微妙なのは「就業しない」「パートタイムで就業」「フルタイムで就業」の選択肢で、労働時間を考えると順序が付きそうですが、多くの分析では順序なしの三択として扱っているようです。

　3.5節では、下限あるいは上限のある連続変数の場合を扱います。経済変数のほとんどは非負制約があるのですが、問題になるのは、例えば下限の0をとる観察値がかなり多い場合です。具体的には既婚女性の労働市場での労働時間、都道府県別あるいは市町村別の待機児童数などです。また、所得のデータなどで上限や下限が設定されているものもあります。

　3.6節では、一部の個体について観測値が得られない場合を扱います。例えば、賃金（市場労働による所得）は実際に就業している人についてだけ観測されます。このとき、就業している人だけにサンプルを限定して賃金関数の推定を行うことは可能ですが、推定量はバイアスを持ちます。

　以上の5つ場合に共通しているのは、推定を行う関数が、推定されるパラメータに関して非線形関数となるため、最尤法という方法を用いて推定することになるという点です。また、第2章の線形回帰モデルでは係数の大きさがそのまま限界効果（説明変数の1単位の変化に対して被説明変数が何単位変化するか）を表していましたが、本章のモデルでは推定される係数はそのまま限界効果を表しません。限界効果は別に推定する必要があります。

　なお、本章を通して、「国際成人力調査（PIAAC）」の日本の居住者についての個票データを用います。この調査はOECD加盟22カ国について2011年から2012年にかけて実施され、目的は16歳以上の成人の読解力、数的思考力およびITを活用した問題解決能力の習熟度を評価することです。同時に回答者の属性や働き方、職場環境などについても質問が行われていて、働き方に関する

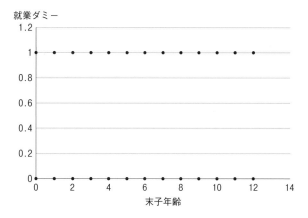

図 3-1　子どものいる女性の就業と末子年齢の関係(1)

意思決定を示すデータとして利用することが可能です[3]。

3.2　二項選択モデル

線形確率モデル

　12歳以下の子どものいる女性の就業選択を考えます。被説明変数 Y_i は、就業している場合は1、就業していない場合は0をとる二値変数です。縦軸にこの二値変数の値、横軸に説明変数として末子年齢（最も小さい年齢の子どもの年齢）をとると、散布図は図3-1のようになります。縦軸は二値変数、横軸の末子年齢も離散変数なので、散布図を見ただけでは2つの変数の関係はよくわかりません。

　ここに、次のような線形の関係を想定して最小二乗法（OLS）で直線を引くことはできます。どのソフトウェアを使っても実行は可能です。

$$Y_i = \beta_0 + \beta_1 X_i + u_i \tag{3-1}$$

　3）PIAAC のデータ、質問票などは、「OECD Skills Surveys」（https://www.oecd.org/skills/piaac/）からダウンロードできます。

図3-2　子どものいる女性の就業と末子年齢の関係(2)

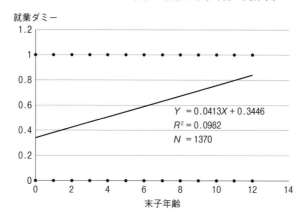

図3-2は散布図の中に回帰直線を引いたものです。末子年齢が上がるとダミー変数の期待値である就業確率が上がることが確認できます。

　それでは、このモデルは第2章のモデルと同じでしょうか。まず、誤差項について次の仮定が満たされれば、OLS推定量は不偏性、一致性を持ちます。これは第2章のモデルと同じです。

$$E(u_i | X_i) = 0 \tag{3-2}$$

また、この条件の下では、

$$E(Y_i | X_i) = \beta_0 + \beta_1 X_i \tag{3-3}$$

となり、二値変数の**条件付き期待値**は$Y_i = 1$となる確率に等しくなります。つまり、$\beta_0 + \beta_1 X_i$という線形関数は、末子年齢が与えられた下で既婚女性が就業する確率を表しています。そのため、このモデルは**線形確率モデル**と呼ばれています。係数β_1は、それがもし正であれば、末子年齢が1歳上がると子どもを持つ既婚女性が就業する確率がどのくらい上がるかを表しています。図3-2の結果を見ると係数が0.04なので、末子年齢が1歳上がると就業確率が0.04増えることがわかります。

　線形確率モデルは非常に扱いやすく、また、パネルデータへの適用や操作変

数法の実行も容易なため、多くの分析で使用されています。しかし、線形確率モデルには2つの問題があります。1つ目は、誤差項の分散が均一にならないことです。二値変数である被説明変数の条件付き分散と誤差項の分散は、以下のように説明変数 X_i の値に依存します。

$$Var(Y_i|X_i) = Var(u_i|X_i) = (\beta_0 + \beta_1 X_i)\{1 - (\beta_0 + \beta_1 X_i)\} \tag{3-4}$$

したがって、第2章で説明したように、不均一分散に頑健な標準誤差を計算する必要があります。あるいは、上の式に β_0 と β_1 の推定値を代入すれば条件付き分散の推定値が計算できるので、その値を用いて加重最小二乗法を実行することも考えられますが、そちらの方法はうまくいく保証はありません。これは次に説明する第2の問題点と関係があります。

　図3-3では被説明変数が二値変数ではなく、週当たり労働時間になっています。末子年齢を12歳から18歳まで増やしたときの予測値もあわせて示しています。図3-4は縦軸が二値変数の場合で、やはり18歳まで末子年齢を増やしています。図3-3では労働時間は徐々に増えて、18歳で35時間くらいになっています。一方、図3-4では就業確率は16歳を超えたくらいで1以上となり、18歳では1.1くらいまで上がっています。これが線形確率モデルの第2の問題点です。データによっては、説明変数が観察された値の範囲内で1を超えてしまったり、反対に負になったりすることもあります。労働時間も負にはなりませんし、週当たりの労働時間には常識的な上限が存在します[4]。しかし、就業確率が負になったり1以上になったりするのは、より深刻です[5]。

　最後に、このモデルに限定してもう1つ問題点を指摘しておきます。線形確率モデルでは、5歳から6歳に末子年齢が増えても、つまり一番小さい子どもが小学校に入学しても、11歳から12歳に末子年齢が増えても、つまり小学5年生から小学6年生になっても、同じ1歳の増加なので、就業確率に与える影響

---

4) 連続変数の値の範囲が限定されるケースは3.5節で扱います。図3-3の線形回帰では、労働時間の下限＝0の観察値がかなり多いのですが、ここでは3.5節での議論は無視しています。

5) 不均一分散に対応するために加重最小二乗法が使えないのも、分散の推定値が負になる可能性があるからで、その原因はここにあります。

図3-3　子どものいる女性の労働時間と末子年齢の関係

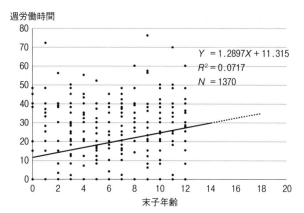

$Y = 1.2897X + 11.315$
$R^2 = 0.0717$
$N = 1370$

図3-4　子どものいる女性の就業と末子年齢の関係 (3)

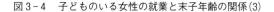
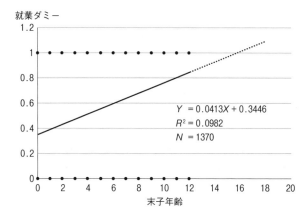

$Y = 0.0413X + 0.3446$
$R^2 = 0.0982$
$N = 1370$

は同じです。しかし、実際の女性の就業選択でこの前提は成り立たないのではないでしょうか。

二項選択モデルの理論的背景

　「就業する」か「就業しない」かの選択に直面している人が「就業する」を選択するのは、「就業する」を選択した方が「就業しない」を選択するよりも

大きな効用が得られるからだと考えることができます。「就業」（添え字はL）を選択したときの効用を次の式で表してみましょう。

$$u_{L,i} = V_{L,i} + \varepsilon_{L,i} = \sum_{k=1}^{K}(\beta_{L,k}X_{ki}) + \varepsilon_{L,i} \tag{3-5}$$

ここで、$u_{L,i}$ は i 番目の人が「就業」を選んだときの効用、$V_{L,i}$ はそのうち当人以外にも観測できる要因（X_{ki}）に依存する部分、$\varepsilon_{L,i}$ は当人にしかわからない要因です。この $\varepsilon_{L,i}$ を分析者は確率変数とみなします。同じように「就業しない」（添え字は U）を選択したときの効用は次のようになります。

$$u_{U,i} = V_{U,i} + \varepsilon_{U,i} = \sum_{k=1}^{K}(\beta_{U,k}X_{ki}) + \varepsilon_{U,i} \tag{3-6}$$

分析者が観察できるのは、個人 i が「就業する」と「就業しない」のどちらを選んだのかということと、その選択に影響を与えると考えられる要因（説明変数 X_{ki}）、目的は未知パラメータ $\beta_{L,k}, \beta_{U,k}$ を推定することです[6]。

　二値変数 Y_i は「就業する」を選んだときに 1、「就業しない」を選んだときに 0 をとるとします。上のモデルを想定すると、次のような関係があることがわかります。

$$\begin{cases} Y_i = 1 & \text{if } u_{L,i} > u_{U,i} \\ Y_i = 0 & \text{if } u_{L,i} \leq u_{U,i} \end{cases} \tag{3-7}$$

二値変数 Y_i の期待値は $Y_i = 1$ となる確率です。その確率は次のようになります（以下、$\boldsymbol{X}_i$ は K 個の説明変数 $X_{1i}, X_{2i}, ..., X_{Ki}$ をまとめたベクトルです）。

6）このようなモデルは additive random utility model と呼ばれています。ここでは、選択肢にかかわらず説明変数は同一で、そこに掛かる係数だけが異なると仮定していますが、この点については様々な仮定が可能です。詳しくは Train（2009）第 2 章などを参照してください。

$$
\begin{aligned}
E[Y_i|\boldsymbol{X}_i] &= P_i[Y_i = 1|\boldsymbol{X}_i] = P_i[u_{L,i} > u_{U,i}|\boldsymbol{X}_i] \\
&= P_i\Big[\textstyle\sum_{k=1}^{K}(\beta_{L,k}X_{ki}) + \varepsilon_{L,i} > \sum_{k=1}^{K}(\beta_{U,k}X_{ki}) + \varepsilon_{U,i}\,\Big|\,\boldsymbol{X}_i\Big] \\
&= P_i\Big[\varepsilon_{U,i} - \varepsilon_{L,i} < \textstyle\sum_{k=1}^{K}(\beta_{L,k}X_{ki}) - \sum_{k=1}^{K}(\beta_{U,k}X_{ki})\,\Big|\,\boldsymbol{X}_i\Big] \quad (3\text{-}8) \\
&= P_i\Big[\varepsilon_{U,i} - \varepsilon_{L,i} < \textstyle\sum_{k=1}^{K}(\beta_{L,k} - \beta_{U,k})X_{ki}\,\Big|\,\boldsymbol{X}_i\Big] \\
&= P_i\Big[\varepsilon_i^* < \textstyle\sum_{k=1}^{K}(\beta_k^* X_{ki})\,\Big|\,\boldsymbol{X}_i\Big]
\end{aligned}
$$

ここで、$\varepsilon_i^* = \varepsilon_{U,i} - \varepsilon_{L,i}$, $\beta_k^* = \beta_{L,k} - \beta_{U,k}$ と置き換えをしています。

　確率変数 ε_i^* がある値以下になる確率は累積分布関数で表すことができます。累積分布関数の値は 0 と 1 の間の値になるので、この関係を用いれば、先に説明した線形確率モデルのように、確率が 1 を越えたり負になったりする可能性はなくなります。また、二値変数の背後に次のような連続変数 Y_i^* を想定するとき、そのような変数を**潜在変数**と呼びます。このモデルも潜在変数モデルになっています。

$$
\begin{cases}
Y_i = 1 & \text{if } Y_i^* > 0 \\
Y_i = 0 & \text{if } Y_i^* \le 0
\end{cases}
\quad (3\text{-}9)
$$

最尤法による推定

　残された問題は係数 β_k^* の推定です。ここで注意が必要なのは、推定される係数は $\beta_{L,k}$ や $\beta_{U,k}$ ではなく $\beta_k^* = \beta_{L,k} - \beta_{U,k}$ だということです。

　N 人の観測値（大きさ N の標本）が利用できるとします。個人 i について選択確率は次のようになります。

$$
\pi_i = P_i(Y_i = 1|\boldsymbol{X}_i)^{Y_i} P_i(Y_i = 0|\boldsymbol{X}_i)^{1-Y_i} \quad (3\text{-}10)
$$

N 人の選択が独立であると、N 人がそれぞれの選択をする確率は、次のようになります。

$$
L = \textstyle\prod_{i=1}^{N} \pi_i \quad (3\text{-}11)
$$

この確率は観察値 Y_i と X_{ki} の関数ですが、これを Y_i と X_{ki} が与えられた下で

未知パラメータ β_k^* の関数と見ることができます。そのとき、左辺 L は確率ではなく**尤度**（likelihood）と呼ばれます。この尤度が最大になるように未知パラメータ β_k^* を推定する方法が**最尤法**（maximum likelihood methods）です。尤度関数は次のように表すことができます。

$$L(\beta_k^*) = \prod_{i=1}^{N} \pi_i \qquad (3\text{-}12)$$

通常は (3-12) 式の両辺に対数をとった、次の対数尤度関数の最大化を図ります。

$$LL(\beta_k^*) = \sum_{i=1}^{N}(Y_i \ln P_i(Y_i = 1 \mid \boldsymbol{X}_i) + (1 - Y_i)\ln P_i(Y_i = 0 \mid \boldsymbol{X}_i)) \qquad (3\text{-}13)$$

この推定法で得られる β_k^* の推定量 $\hat{\beta}_k^*$ は最尤推定量と呼ばれます。最尤法の基本的な考え方は、「観察値は最も出現しやすいものが実際に出現した」という前提で、「最も観察値が出現しやすい構造」を推定するというものです。いくつかの一般的な条件の下で、最尤推定量は一致性、漸近正規性、漸近有効性といった推定量として望ましい条件を満たします。その条件の中には誤差項と説明変数が独立でないと成立しないものがありますので、誤差項と説明変数の独立性については、線形回帰モデルを OLS で推定するときと同様に、望ましい推定量を得るための重要な条件となります[7]。

　最尤推定量を得るためには、尤度関数を具体的に記述する必要があります。そのためには、確率変数についてその分布を特定化しなければなりません。尤度関数が具体的に決まれば、数値計算によって尤度を最大にするパラメータの推定値を求めることができます。第 6 章で紹介するソフトウェアのほとんどでこのような計算は自動的に行われますので、最適化のコードを自分で書いたりする必要はありません。ただし、どのような考え方と計算によって推定量が得られているのかを知っておくことは大切です。

7）線形回帰モデルで誤差項が正規分布に従うとき、係数の OLS 推定量と最尤推定量は一致します。ただし、誤差項の分散の最尤推定量は不偏推定量ではありません。

ロジットモデル

　前項のモデルに現れる確率変数 $\varepsilon_{U,i}$ と $\varepsilon_{L,i}$ が独立かつ同一のタイプ I の極値分布という分布に従うとき、その差 $\varepsilon_{U,i}-\varepsilon_{L,i}$ は次のような累積分布関数を持つ**ロジスティック分布**に従います。

$$F(\varepsilon_i^*) = \frac{\exp(\varepsilon_i^*)}{1+\exp(\varepsilon_i^*)} \tag{3-14}$$

　また、このモデルでは「就業する」を選択する確率は次のような形になります。

$$P_i(Y_i = 1 \mid \boldsymbol{X}_i) = \frac{\exp\left(\sum_{k=1}^{K}(\beta_k^* X_{ki})\right)}{1+\exp\left(\sum_{k=1}^{K}(\beta_k^* X_{ki})\right)} \tag{3-15}$$

ロジットモデルに関してはこのモデルから説明が始まることが多いです。

プロビットモデル

　ロジットモデルとともによく使われるのが**プロビットモデル**です。分析者が観察できない部分を確率変数で表すのはロジットモデルと同じですが、確率分布として標準正規分布を仮定します。選択確率が closed-form になるロジットと比べると、推定のための計算はやや面倒ですが、現在利用できるソフトウェアとコンピュータの能力の下ではその差は感じられません。

　プロビットモデルの場合は、$Y_i = 1$ となる確率は次のようになります。

$$P_i(Y_i = 1 \mid \boldsymbol{X}_i) = \Phi\left(\sum_{k=1}^{K}(\beta_k^* X_{ki})\right) \tag{3-16}$$

ここで、Φ は標準正規分布の累積分布関数です。

限界効果の計算方法

　線形回帰モデルでは、説明変数の係数は説明変数の値が1単位変化したときの被説明変数の反応の大きさを表します。この大きさを**限界効果**と呼ぶと、線形回帰モデルでは推定された係数の大きさがそのまま限界効果になります。本節の最初に紹介した線形確率モデルでもそれは同じです。

一方、ロジットモデルやプロビットモデルでは、推定された係数の大きさがそのまま限界効果にはなりません。プロビットモデルでは限界効果は次のようになります[8]。

$$\frac{\partial P_i(Y_i = 1 \mid \boldsymbol{X}_i)}{\partial X_{ki}} = \beta_k^* \phi\left(\sum_{k=1}^K (\beta_k^* X_{ki})\right) \tag{3-17}$$

ここで、ϕ は標準正規分布の確率密度関数なので正の値をとりますから、限界効果の符号は推定された係数の符号と一致します。また、限界効果は説明変数 X_k の大きさに依存していて一定ではありません。ロジットモデルでも同様に限界効果と係数の符号は一致しますが、限界効果は説明変数の大きさに依存します。

　ロジットモデルやプロビットモデルで限界効果を求めるときは、通常次の2つの方法のどちらかを使います。

① 説明変数の観察値の平均値を計算して、限界効果の式に代入する（平均値における限界効果）。
② 観察単位ごとに限界効果を計算して、その平均値を求める（平均限界効果）。

ソフトウェアによっては限界効果を簡単に出力することができますが、どちらの計算をしているかを確認しておくことは必要です。

　また、説明変数が二値変数や離散変数の場合は計算方法が変わります。k 番目の変数が二値変数の場合、求めたい大きさは X_k が 0 から 1 に変化したときの選択確率の変化の大きさです。プロビットモデルの場合は次のようになります。

$$\begin{aligned}
&\Phi(\beta_1^* X_{1i} + \cdots + \beta_{k-1}^* X_{k-1,i} + \beta_k^* + \beta_{k+1}^* X_{k+1,i} + \cdots + \beta_K^* X_{Ki}) \\
&\quad - \Phi(\beta_1^* X_{1i} + \cdots + \beta_{k-1}^* X_{k-1,i} + \beta_{k+1}^* X_{k+1,i} + \cdots + \beta_K^* X_{Ki})
\end{aligned} \tag{3-18}$$

8）合成関数の微分の公式と、累積分布関数と確率密度関数の関係から導けます。

表 3 - 1　二項選択モデルの推定結果の比較

被説明変数：就業＝ 1 、非就業＝ 0 のダミー変数				
説明変数		線形確率モデル	ロジットモデル	プロビットモデル
末子年齢	係数	0.04131 ***	0.18251 ***	0.11125 ***
	標準誤差	(0.0057)	(0.0273)	(0.0163)

注）*** は 1 ％で有意、** は 5 ％で有意、* は10％で有意であることを示す。

図 3 - 5　二項選択モデルの限界効果の比較

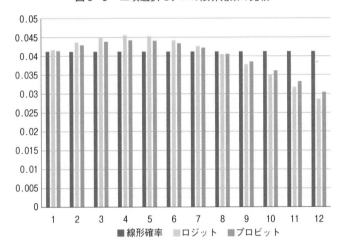

実証分析例

　ここで、本節の最初に紹介した PIAAC のデータを用いて、 3 つのモデルの推定結果を紹介しましょう。対象は12歳以下の子どもがいる女性で、サンプルサイズは1370、被説明変数は就業（正規、非正規を問わない）が 1 、非就業が 0 の二値変数、説明変数は末子年齢です[9]。

　表 3 - 1 は、線形確率モデル、ロジットモデル、プロビットモデルの推定結果を比較したものです。係数はすべてのモデルで正の値をとり、 1 ％で有意で

---

9 ）子どものいる女性の就業決定に影響を与える変数は末子年齢以外にもあります。説明
　変数を 1 つに限定したのは、図 3 - 1 ～図 3 - 4 の散布図と関連付ける説明上の都合で
　す。また、就業については、正規就業、非正規就業、無業の三択を考えるのが普通で
　す。三択以上のケースは3.4節で扱います。

す[10]。線形確率モデルの係数は末子年齢が1歳上がったときの就業確率の上昇分を示しています。就業確率は約0.04大きくなります。

　一方、ロジットモデルやプロビットモデルの係数はそのような解釈はできません[11]。説明変数が離散変数なので、(3-18)式を使って、末子年齢が1歳上がったときの就業確率の変化を計算しました。これを便宜上限界効果と呼び、1歳増えるごとにその大きさを示したものが図3-5です[12]。この図では線形確率モデルの一定値0.04も示しています。まず、ロジットモデルとプロビットモデルで限界効果の変化は非常によく似ています。どちらも4～6歳あたりで就業確率の上がり方が大きくなり、小学校に入学した後は子どもの成長が就業確率に与える影響は小さくなっていきます。また、小学校の高学年になる前は、線形確率モデルの係数はロジットモデルやプロビットモデルの限界効果とそれほど差がないことがわかります。ただし、他の説明変数を加えると、この結果は大きく変わるかもしれません。

3.3　順序選択モデル

順序選択モデルの説明

　本章の最初に紹介したリバースモーゲージの例のように、ある事柄について回答者に肯定的か否定的かを自然な順序で選択肢として提示する質問は非常に多く、また、この回答を被説明変数にした分析もよく行われています。「大いにそう思う」、「ややそう思う」、「どちらとも言えない」、「あまりそう思わない」、「まったくそう思わない」といった選択肢です。また、「幸福度」や「生活満足度」を表す数字（例えば1～10）を選択させる質問もあります。

　この場合、前節の二択問題を五択問題や十択問題へ拡張するのではなく、回

---

10) この推定はRを使って行いました。Rでは有意性を示す*も自動的に出力されますが、***が有意水準0.1％で有意、**が1％、*が5％を示しており、表3-1とはずれています。表3-1は経済学分野の慣例に倣っています。

11) ロジットモデルとプロビットモデルの係数の間には、前者が後者の約1.6倍になるという関係があります。

12) 横軸の1は、0歳から1歳へ変化したときの就業確率の変化を示しています。以下同様で、最後は11歳から12歳への変化になります。

答者が持っている1つの潜在変数を考えることができます。その潜在変数は、例えばリバースモーゲージであればその利用によって得られる効用の大きさであり、内閣に対する評価であれば回答者の意見の強さになります。この大きさを u で表し、二項選択の場合と同じように分析者が観察できる要因 $\boldsymbol{X}$（ベクトル）と観察されない要因 ε を考えます。ε は確率変数です。

$$u = \boldsymbol{X}'\boldsymbol{\beta} + \varepsilon \tag{3-19}$$

$'$ はベクトルの転置を表しています。回答者の選択は、

- $u > k_4$ のとき「大いにそう思う」
- $k_4 > u > k_3$ のとき「ややそう思う」
- $k_3 > u > k_2$ のとき「どちらとも言えない」
- $k_2 > u > k_1$ のとき「あまりそう思わない」
- $k_1 > u$ のとき「まったくそう思わない」

となります。累積分布関数を特定化すると、それぞれの選択肢を選択する確率を具体的に導くことができ、最尤法でパラメータ $\boldsymbol{\beta}$ と閾値 k_j を推定できます。ここで、ロジスティック分布の累積分布関数を仮定したモデルを**順序ロジットモデル**、標準正規分布の累積分布関数を仮定したモデルを**順序プロビットモデル**と呼びます。

実証分析例

ここで、PIAAC のデータを使った順序ロジットモデルと順序プロビットモデルの推定結果を紹介しましょう。まず、被説明変数は就業している人の仕事満足度とします。質問は、「全体的に見て、あなたは現在の仕事にどの程度満足していますか」であり、回答者は「非常に満足」、「満足」、「どちらでもない」、「不満」、「非常に不満」の中から1つを選択しています。この回答は明らかに順序が付けられます。「非常に満足」を5とし、以下順番に 4, 3, 2, 1 の値を当てはめました。検証する仮説は、

仕事満足度に「仕事における自由度」が影響を与えている

です。「仕事における自由度」は、「これからお聞きする事柄について、あなたはどの程度自由に決められますか」という質問に対する答えの平均値を使います。

1. 作業を行う順番
2. どのような方法で仕事を行うか
3. 仕事をするスピード
4. 勤務時間

これらの4項目について、回答者は「まったくできない」（＝1）、「ほとんどできない」（＝2）、「少しはできる」（＝3）、「できる」（＝4）、「かなりできる」（＝5）の中から1つ選びます。この数字の平均を「仕事における自由度」とします。それ以外に、年齢、性別ダミー、高卒ダミー、大卒ダミー、正規就業ダミー、経験年数、労働時間（週当たり）、健康状態（5段階）をコントロール変数としました。対象は実際に仕事をしていて上記の質問すべてに回答した男女3838人です。

　表3-2は、順序ロジットモデルと順序プロビットモデルの推定結果です。係数の大きさを別にすると、2つのモデルの推定結果はほとんど変わりません。「仕事における自由度」の係数は1％で正に有意ですので、仮説は支持されています。コントロール変数では男性ダミーが10％で正に有意、労働時間が1％で負に有意、健康状態が1％で正に有意、その他の変数は有意ではありません。正規就業ダミーなどが有意にならないのはやや意外でした。また、やはり健康が大事ということになりますね。

3.4　多項選択モデル

　前節の順序選択モデルは選択肢が3つ以上でしたが、そこに自然な順序が存在する選択肢でした。このモデルは例えば順序ロジットモデルと呼ばれていますが、3.2節のロジットモデルの拡張ではありません。それに対して選択肢が3つ以上で自然な順序が存在しない場合は、3.2節の二項選択モデルの拡張になります。

表 3-2　順序選択モデルの推定結果の比較

被説明変数：仕事満足度（5段階）

説明変数		ロジットモデル	プロビットモデル
仕事自由度	係数	0.24473 ***	0.14371 ***
（大きいほど自由）	標準誤差	(0.0334)	(0.0188)
年齢	係数	0.00080	0.00047
	標準誤差	(0.0052)	(0.0029)
性別	係数	0.13179 *	0.07410 *
（男性＝1）	標準誤差	(0.0711)	(0.0401)
高卒ダミー	係数	-0.12950	-0.06673
	標準誤差	(0.1289)	(0.0723)
大卒ダミー	係数	-0.06557	-0.03692
	標準誤差	(0.1294)	(0.0725)
正規就業ダミー	係数	-0.01714	-0.00629
	標準誤差	(0.0265)	(0.0149)
経験年数	係数	0.00697	0.00385
	標準誤差	(0.0055)	(0.0031)
労働時間	係数	-0.01275 ***	-0.00762 ***
（週当たり）	標準誤差	(0.0024)	(0.0013)
健康状態	係数	0.38167 ***	0.20843 ***
（5段階、大きいほど良好）	標準誤差	(0.0347)	(0.0191)
閾値			
k_1	係数	-2.71490 ***	-1.35480 ***
	標準誤差	(0.2975)	(0.1576)
k_2	係数	-0.60880 **	-0.39650 ***
	標準誤差	(0.2694)	(0.1512)
k_3	係数	1.36620 ***	0.68270 ***
	標準誤差	(0.2685)	(0.1510)
k_4	係数	4.06810 ***	2.31680 ***
	標準誤差	(0.2773)	(0.1543)

サンプルサイズ = 3838

注）*** は1％で有意、** は5％で有意、* は10％で有意であることを示す。

多項ロジットモデル

　選択肢が３つ以上になった場合も基本的な考え方は同じです。「就業する」と「就業しない」の代わりに、出産予定の既婚女性が「就業しながら出産」、「育児休業制度を利用」、「仕事を辞めて出産」の三択に直面しているとします。個人の効用を、分析者が観察できる要因と当人にしかわからない要因に分けて表し、後者について独立かつ同一のタイプⅠの極値分布を仮定すると、ある選択肢を選択する確率は、その選択がもたらす効用が他のとの選択がもたらす効用よりも大きくなる条件として導くことができます。計算はやや複雑になりますが、各選択肢の選択確率を closed な形で導くことができます。

　多項ロジットモデルは選択確率を closed な形で表すことができるので、複雑なモデルの中で使うときなどに大変便利なのですが、独立かつ同一の極値分布を仮定することから大きな制約も生じます。その１つは、「**無関係な選択肢からの独立**」（IIA：Independence from Irrelevant Alternatives）という性質です。既婚女性の選択で、育児休業制度が改正されて給付金給付率が上昇したとします。他の事情が変わらなければ育休取得の選択確率は上がり、他の選択肢の選択確率は下がります。IIA というのはそのときに、「就業しながら出産」と「仕事を辞めて出産」の選択確率の比率が変わらないということです。改正前にそれぞれの選択確率が0.2と0.4であれば、改正後には例えば0.15と0.3に変化することになります。実際にわが国で育休制度が改正されて育休取得が増えるとき、大きく減っているのは「就業しながら出産」であって、「仕事を辞めて出産」はそれほど変化していません。IIA が妥当な場合もありますが、多項ロジットモデルを使用する際にはこの点に注意する必要があります[13]。

多項プロビットモデル

　IIA はロジットモデルの修正によって部分的に緩和することができます。Nested Logit Model あるいは Mixed Logit Model というモデルです。しかし、より頻繁に用いられるのは確率要因の差の累積分布として正規分布を仮定する**多項プロビットモデル**です。多項プロビットモデルでは、各選択肢の確率変数

13）詳細は Train（2009）第３章を参照してください。

表3-3　多項ロジットモデルの推定結果

ベースの選択肢：無業

		正規就業	非正規就業
年齢	係数	-0.1702 ***	-0.0805 ***
	標準誤差	(0.0227)	(0.0191)
高卒ダミー	係数	0.6279 **	0.1690
	標準誤差	(0.3182)	(0.2488)
大卒ダミー	係数	1.1521 ***	0.0946
	標準誤差	(0.3324)	(0.2641)
経験年数	係数	0.3625 ***	0.1805 ***
	標準誤差	(0.0337)	(0.0253)
経験年数の2乗	係数	-0.0048 ***	-0.0030 ***
	標準誤差	(0.0007)	(0.0006)
健康状態	係数	-0.1403	-0.1005
	標準誤差	(0.0881)	(0.0766)
配偶者正規雇用	係数	0.1041	0.1107
	標準誤差	(0.1943)	(0.1680)
末子年齢	係数	0.0826 ***	0.0546 ***
	標準誤差	(0.0200)	(0.0176)

サンプルサイズ = 1323

注）*** は1％で有意、** は5％で有意、* は10％で有意であることを示す。

（実際に問題になるのは確率変数の差）が互いに独立という制約を課す必要はありません。その結果、選択確率の間にIIAという性質が生じません。多変量正規分布の分散共分散行列については、対角要素の1つを1に基準化して、また非対角要素である共分散も0ではなく推定されるパラメータです[14]。

実証分析例

　本節でも実証分析例を紹介します。対象は子どもを持つ女性の就業選択ですが、選択肢は「無業」、「正規就業」、「非正規就業」の三択です。また、使用データはこれまでと同様 PIAAC です。
　表3-3は多項ロジットモデルの推定結果です。説明変数はすべての選択肢

14）詳細は Train（2009）第4章、第5章を参照してください。

に共通で、「年齢」、「高卒ダミー」、「大卒ダミー」、「経験年数」、「経験年数の2乗」を使いました。これらの変数は提示される賃金を説明すると想定しています。さらに、「健康状態」[15]、「配偶者正規雇用」（配偶者が正規の仕事に就いている場合に1をとるダミー変数）、「末子年齢」を加えました。これらの変数が選択者自身の事情、家庭の事情を表しています。ベースの選択肢を無業にしましたので、各係数はそれぞれ無業の場合の値との差になっています。

表3-3を見ると、まず、学歴ダミーは正規就業でのみ有意です。正規就業における賃金は学歴に依存するが、非正規就業における賃金は学歴に依存しないと解釈できます。また、学歴は賃金以外の就業意欲も説明していると考えられますが、非正規就業では学歴による差は見られないということになります。経験年数は正規、非正規とも正に有意、経験年数の2乗項は負に有意でした。これは、経験とともに賃金は上昇するが、その上昇分は徐々に小さくなっていくという通常の賃金プロファイルを示しています。正規就業の方が係数は大きな値で（2乗項では絶対値が大きく）、正規就業の方が上がり方は大きいことがわかります。

その他の変数では、末子年齢だけが有意でした。ここまで紹介してきた他のモデルと同様の結果です。係数は正規就業の方が大きな値なので、正規就業で特に重要ということになります。健康状態は係数の符号は予想通りでしたが、有意ではありません。また、配偶者が正規就業しているかどうかのダミー変数も有意ではありませんでした。

表3-3の推定結果は概ね予想通りのものです。正規就業と非正規就業ではやはりかなりの違いがありますので、「就業」、「非就業」の二択の設定は日本の既婚女性に関しては適切とは言えないということになります。

なお、表3-3の推定ではRではなく有料ソフトウェアStataを使用しました。同じデータで多項プロビットモデルの推定も試みたのですが、デフォルトの指定では計算が収束しませんでした。計算の負荷が大きな推定ではこのようなことがしばしば起こります。序章でも述べましたが、分析方法についてブラックボックスでも大丈夫ということにはなりません。

15）ここでは数字が小さい方が健康状態は良いという変数になっています。

3.5 トービットモデル[16]

　本章でこれまで扱ってきたモデルは、被説明変数が制限された値をとる制限従属変数モデルです。「制限された」という言葉の意味は、離散的な値のみをとるということでした。本節では離散的な値をとるのではなく、特定の範囲の値しかとらない被説明変数を考えます。

　経済モデルに現れる変数は、価格にしても取引量にしても基本的に負の値はとりません。そう考えると、「特定の範囲の値＝正の値」だけをとるというのはほとんどの経済変数に当てはまることです。問題は、人々の最適な選択が潜在的には負の値をとり得るような場合に、観察される値が非負制約のために0となり、また観察値全体でそのような理由で0になる割合がかなり多いケースです。例えば、既婚女性の労働時間の選択、都道府県別の待機児童数などが典型的な例です。

　このような場合の対処方法としてすぐに思いつくのが、次の2つです。

① 0はそのまま0としてOLSで推定を行う。
② 0の観察値を外して、残りの観察値だけでOLSで推定を行う。

①の選択は線形確率モデルと同様に、負の予測値が得られるなどの問題が発生します。また、②の選択では一致推定量が得られない可能性があります。**トービットモデル**はこの問題を解決するためのモデルで、これまでと同様に潜在変数の考え方を使って説明することができます。

　例えば、既婚女性の労働時間を潜在変数 Y^* で表します。意思決定を行う女性の中には Y^* が負でその絶対値が大きくなる女性もいます。しかし、観察される労働時間 Y は負の値はとりません。以上をまとめると次のようになります。

$$Y^* = \boldsymbol{X}'\boldsymbol{\beta} + \varepsilon, \quad \varepsilon|\boldsymbol{X} \sim N(0, \sigma^2)$$
$$Y = \max(0, Y^*) \tag{3-20}$$

---

16) 本節の内容の詳細については、Wooldridge（2013）第17章を参照してください。

$Y^* \geq 0$ のときは $Y = Y^*$ となりますが、$Y^* < 0$ のときは $Y = 0$ となります。このモデルで、$Y > 0$ の場合 X の条件付き期待値は次のようになります。

$$E(Y \mid Y > 0, \boldsymbol{X}) = \boldsymbol{X}'\boldsymbol{\beta} + E(\varepsilon \mid \boldsymbol{X}, \varepsilon > -\boldsymbol{X}'\boldsymbol{\beta})$$
$$= \boldsymbol{X}'\boldsymbol{\beta} + \sigma\phi\left(\frac{\boldsymbol{X}'\boldsymbol{\beta}}{\sigma}\right) \Big/ \Phi\left(\frac{\boldsymbol{X}'\boldsymbol{\beta}}{\sigma}\right) \tag{3-21}$$

標準正規分布の確率密度関数と累積分布関数の比率は、**逆ミルズ比**と呼ばれています。逆ミルズ比を λ で表すと、$Y > 0$ のとき Y の期待値は次のようになります。

$$E(Y \mid Y > 0, \boldsymbol{X}) = \boldsymbol{X}'\boldsymbol{\beta} + \sigma\lambda\left(\frac{\boldsymbol{X}'\boldsymbol{\beta}}{\sigma}\right) \tag{3-22}$$

逆ミルズ比が含まれるのは、誤差項の期待値が 0 にならないことが原因です。$Y > 0$ の標本だけでこの項を無視して推定を行うと、この項が欠落変数となって誤差項に含まれ、誤差項全体が説明変数と相関を持つことになり、一致性が満たされなくなります。トービットモデルの推定は最尤法で行われます。また、ロジットモデルやプロビットモデルと同様に説明変数に関して非線形のため、限界効果は一定ではなく説明変数の大きさに依存しますが、限界効果の符号と係数の符号は一致します。限界効果の計算方法はロジットモデルやプロビットモデルの場合と同様です。

3.6 サンプルセレクションモデル[17]

サンプルセレクションバイアス

前節ではトービットモデルを適用する例として、既婚女性の労働時間を取り上げました。今度は同じ既婚女性の労働について、賃金決定式を推定する場合を考えてみましょう。観察された賃金は、提示された賃金が留保賃金を上回っているために市場で働くことを選択した女性のものに限定されます。つまり、実際に働いている人の賃金だけが観察できます。

---

17) 本節の内容のは、Wooldridge（2013）第17章に基づいています。

　前節では、労働時間が負にはならないということから被説明変数の一部について その値が限定されましたが、賃金の場合は「働くか働かないか」という別の選択の結果によって、母集団の賃金の一部が観察されないことになります。

　賃金決定の無作為標本は次の式で表されるとしましょう。

$$Y_i = X_i'\beta + \varepsilon_i, \quad E(\varepsilon_i | X_i) = 0 \tag{3-23}$$

ここで、$s_i = 1$ならば観察値が推定に使用でき、$s_i = 0$ならば観察値が推定に使用できないという二値変数s_iを導入します。推定される式は、

$$s_i Y_i = s_i X_i'\beta + s_i \varepsilon_i \tag{3-24}$$

となり、この式の OLS 推定量が一致性を持つ条件は、sX_iと$s\varepsilon$が相関を持たないことです。c_iを賃金に関するある閾値とします。もし、$\varepsilon_i > c_i - X_i'\beta$のときに$s_i = 1$となるのであれば、$\varepsilon_i$と$s_i$が相関を持つので、(3-24) 式の OLS 推定量は一致性を持ちません。ここで例えば、$c_i - \varepsilon_i$を留保賃金、$X_i'\beta$を提示賃金とすると、留保賃金以上の賃金が提示されればそれを受けて働くというモデルを表していることになります。

　このような状況は次の 2 つの式で表すことができます。

$$Y = X'\beta + \varepsilon, \quad E(\varepsilon | X) = 0 \tag{3-25}$$

$$s = 1[Z'\gamma + v \geq 0] \tag{3-26}$$

(3-26) 式は選択方程式で、そこに含まれる変数 Z は (3-25) 式に関して外生変数とします。X と Z は常に観察され、Y は$s = 1$のときだけ観察されます。また、X に含まれる変数はすべて Z にも含まれるとします。ε とv が 2 変量正規分布に従い、$E(\varepsilon | v) = \rho v$を仮定すると、(3-25) 式の条件付き期待値 $E(Y | Z, s = 1)$は次のようになります。

$$E(Y | Z, s = 1) = X'\beta + \rho\lambda(Z'\gamma) \tag{3-27}$$

ここで、$\lambda(Z'\gamma)$ は前節で紹介した逆ミルズ比です。この項が現れる理由は前節とほぼ同じです。この項を無視した OLS 推計は欠落変数バイアスを持つことになります。

Heckman の二段階推定

トービットモデルでは最尤推定が行われますが、本節の**サンプルセレクション**モデルでは、次のような二段階推定がよく用いられます。

① すべての観察値を用いて、(3-26)式の選択方程式をプロビットモデルで推定して γ の推定値 $\hat{\gamma}$ を得る。その推定値から逆ミルズ比 $\hat{\lambda}_i = \lambda(Z_i\hat{\gamma})$ が計算できる。

② $s_i = 1$ となる観察値だけを用いて (3-27)式を OLS で推定する。

この方法は、提案者 Heckman にちなんで**ヘキット**（Heckit）と呼ばれています。既婚女性の賃金に関しては、X は提示される賃金に関する説明変数で経験年数、学歴などが含まれると考えられます。また、これらは既婚女性の留保賃金にも影響を与えると思われるので、Z にも含まれます。さらに Z には、夫の所得や子どもの年齢などが含まれると考えられます。$X = Z$ であると、$X'\beta$ と $\rho\lambda(Z'\gamma)$ の間に多重共線性が発生する可能性が高くなるので、Z には含まれるが X には含まれない変数が必要です。

実証分析例

表3-4は子どものいる既婚女性の賃金関数の推定結果です。(3-25)式の賃金関数は、(3-27)式のように逆ミルズ比を含むことでバイアスが修正されます。逆ミルズ比は、(3-26)式の就業選択に関するプロビットモデルの推定結果から得られます。

プロビットモデルの推定結果を見ると、健康状態以外の説明変数の係数は統計的に有意で、符号も予想されたものになっています。一方、第2段階の賃金関数の推定結果は、係数の符号は予想通りですが、経験年数の2乗が有意ではありません。また、逆ミルズ比の係数も有意ではありません。表3-4には1段階の OLS の結果も示しています。係数の大きさは多少異なりますが、係数の符号や有意性は2段階の結果と同じです。このことは、サンプルセレクションバイアスが深刻ではないことを意味しています。

表 3-4　ヘキットと OLS の推定結果の比較

選択方程式 (プロビットモデル)		被説明変数：就業＝1、非就業＝0 の二値変数

説明変数		
経験年数	係数	0.15899 ***
	標準誤差	(0.0156)
経験年数の 2 乗	係数	−0.00256 ***
	標準誤差	(0.0004)
年齢	係数	−0.06761 ***
	標準誤差	(0.0118)
高卒ダミー	係数	0.31305 *
	標準誤差	(0.1682)
大卒ダミー	係数	0.39346 **
	標準誤差	(0.1750)
健康状態	係数	0.06786
(5 段階、大きいほど良好)	標準誤差	(0.0482)
末子年齢	係数	0.04043 ***
	標準誤差	(0.0107)

サンプルサイズ = 1038

賃金関数		被説明変数：賃金の対数値	
			1 段階OLS
説明変数			
経験年数	係数	0.26987 ***	0.18077 ***
	標準誤差	(0.1230)	(0.0460)
経験年数の 2 乗	係数	−0.00278	−0.00136
	標準誤差	(0.0021)	(0.0010)
年齢	係数	−0.08013 ***	−0.06300 ***
	標準誤差	(0.0270)	(0.1510)
高卒ダミー	係数	1.74506 ***	1.60815 ***
	標準誤差	(0.5407)	(0.5075)
大卒ダミー	係数	2.61056 ***	2.48440 ***
	標準誤差	(0.5441)	(0.5154)
逆ミルズ比	係数	1.00204	
	標準誤差	(1.2806)	

サンプルサイズ = 634

注）*** は 1 ％で有意、** は 5 ％で有意、* は10％で有意であることを示す。

参考文献

土橋峻平・倉重卓真・後藤秋桜子・金泰完・金谷亮佑（2013）「高齢化時代におけるリバースモーゲージの普及に向けて」ISFJ（日本政策学生会議）発表論文。

西山慶彦・新谷元嗣・川口大司・奥井亮（2019）『計量経済学（New Liberal Arts Selection)』有斐閣。

山本勲（2015）『実証分析のための計量経済学』中央経済社。

Train, K. E.（2009）*Discrete Choice Methods with Simulation*, 2nd edition, Cambridge University Press.

Wooldridge, J.（2013）*Introductory Econometrics: A Modern Approach*, 5th edition, Southwestern Publishing.

第4章 データの集め方

4.1 データにはどのようなものがあるのか

　一口に「データ」と言っても、多種多様なデータがあります。そのような「データ」に、実は、私たちは生まれたときからかかわっています。例えば、私たちの身長や体重のデータは、出産後から継続して測定が行われ、順調に成長しているかを判断する材料（成長曲線と言う）になっています。他にも、私たちは生活を送る中で、データに触れる機会にたびたび出くわしています。日々の天気予報を確認したり、買い物をする際に店どうしで買いたい商品の価格を比較したり、学校では志望校へ入れるかどうかを知るために模試で得た偏差値を見て一喜一憂したり、会社では市場の状況を把握するために株価を確認したりするなど、私たちはしばしば「データ」を身近に利用しています。このように私たちは、データの提供者（サプライヤー）であり、得られたデータを利用するユーザーでもあります。

　このような「データ」には、集計や調査の仕方、構造等によって、いくつか種類が分かれています。例えば、個人がアンケート調査に回答することで得られたデータや、国勢調査のように世帯単位で調査されて得られたデータ、企業がステークホルダーなどに提供する IR（Investor Relations）情報などのデータ、自治体や国などが提供する公的データなど、私たちの身の回りにはたくさんのデータで溢れています[1]。以下では、データにはどのようなものがあるかについて紹介していきます。

全数調査と標本調査：母集団と標本

　データの収集にあたって、全調査対象のデータを集める全数調査は至難の業です。調査を受ける側にとっては、調査に時間を取られることに加え、調査項目が多い場合や複雑な場合は疲労が蓄積し、また個人情報のうち不幸なことを回答しなければならない場合は精神的な負担も生じます。一方、調査をする側にとっては、調査票を設計する段階から、調査を受ける者がきちんと全部の質問に回答してくれるように工夫をし、調査に協力してくれたお礼を渡すなどして金銭的費用も生じます。このように、調査には主に時間、労力、金銭の3つにおいて負担が生じることから、全調査対象を網羅的に調査する全数調査はなかなかできるものではありません。多くの場合、全調査対象のうち一部を調査する標本調査が行われています[2]。

　全数調査（悉皆調査：census）は、全調査対象である**母集団**を調査対象としている調査で、これには5年おきに行われる国勢調査のように、法令や政策の基準となり、また他の統計調査を設計するための基礎となる精度の高い調査が要求される場合に用いられます。

　標本調査（sample survey）は、母集団から一部を抽出した**標本**を調査対象としている調査で、ほとんどの調査が標本調査に該当します。標本調査を扱う場合、母集団の一部を抽出する際に偏りが生じてしまう**サンプルセレクションバイアス**の問題が生じる可能性があるため、**ランダムサンプリング**（無作為抽出）といった適切な処理が必要になります。

集計の仕方別に見たデータの種類

　集計の仕方別に見たデータの種類には、個票データと集計データがあります。**個票データ**は、個々の調査対象を調査して得られたデータです。個票デー

　1）データには、金額などの数や量で測れる量的データ（定量データ）と、性別などの数や量で測れない質的データ（定性データ）の2つがあります（量的変数と質的変数も参照）。質的データには、アンケートなどによりデータを収集する他、研究に関連のある場所へ訪問したり、人物に直接インタビューをしたりするなど、フィールドワークによる情報収集が行われています。フィールドワークについては、佐藤（2002, 2006, 2015）、藤田・北村（2013）を参照してください。
　2）標本調査については、福井（2013）を参照してください。

タには、個人単位、世帯単位、企業単位などの種類があり、細かく条件付けを行ったうえで分析することができるメリットがあります。なお、個々の調査対象が特定されないように加工された匿名形式での提供が、個票データでは行われています。この個票データを集計したデータが集計データです。**集計データ**は、国や自治体が提供するデータに多いデータ形式であり、統計的に見て、どのような特徴が集計されたグループに見られるかを確認することに優れています。

特に、集計する単位ごとに**マクロデータ**（全国集計データなど）、**セミマクロデータ**（地域別データ、産業別データなど）、**ミクロデータ**（個々の家計別、企業別データなど）と呼ばれる場合もあります。計量経済学では、ミクロ計量経済学、マクロ計量経済学などのように、取り扱うデータごとに分野が分かれています。

また、国や自治体の統計には、一次統計と二次統計があります。**一次統計**は、統計調査の結果、直接得られる統計であり、私たちがよく目にする統計のほとんどが該当します。さらに、一次統計は第一義統計（調査統計）と第二義統計（業務統計）に分かれます。

第一義統計（調査統計）は、統計を作成することを目的に行われる統計調査から得られる統計です。具体的には、国勢調査、家計調査、工業統計調査などが該当します。国勢調査は、日本に居住するすべての人や世帯（外国籍を含む）に関する調査であり、各種行政施策などの基礎資料として、また全数調査であることから標本調査のサンプリングの確認資料として役立てられています。家計調査は、日本国内における家計収支の実態を把握することで、個人消費の動向などを参考に各種行政施策などの基礎資料となっています。工業統計調査は、日本国内の工業の実態を把握することで、産業、中小企業に関する各種行政施策などの基礎資料や経済構造統計を作成するために行われています。

第二義統計（業務統計）は、登録、届出、業務記録など、行政機関や民間団体が行政上あるいは業務上の過程で集めた、または作成した業務記録に基づいて作成される統計を言います。例えば、貿易統計、人口動態統計、建築着工統計などが該当します。貿易統計は、輸出入の通関書類から、人口動態統計は、出生・婚姻・死亡の届出から、建築着工統計は、建築工事の届出から作成され

ます。

　二次統計（加工統計）は、一次統計に加工を施して得られる統計であり、国民経済計算、産業連関表などが該当します。国民経済計算（System of National Accounts：SNA）は、一国の経済状況について、生産、消費・投資といったフロー面や、資産、負債といったストック面を体系的に記録するために作られています。国内総生産（Gross Domestic Product：GDP）などの関連指標について、統合勘定、制度部門別勘定、主要系列表などのようにまとめられています。産業連関表[3]）は、国内で一定期間に行われた財・サービスの産業間取引をマトリックスに示した統計表で、行方向（横）には生産物の販路構成（産出）、列方向（縦）には原材料および粗付加価値の費用構成（投入）について示されています。産業連関表として作成される統計表には、取引基本表（産業相互間や、産業と最終需要との間で取引された財・サービスの金額をマトリックスで示した表）、投入係数表（取引基本表の中間需要の列部門ごとに、原材料等の投入額を当該部門の生産額で除して得た係数を列部門別に一覧として示した表）、逆行列係数表（ある部門に対して新たな最終需要が1単位発生した場合に、当該部門の生産のために中間投入される財・サービスの需要を通して、各部門の生産がどれだけ発生するかといった生産波及の大きさを示す係数を、産業別に一覧として示した表）などがあり、様々な加工が施されています。

構造の違い別に見たデータの種類

　データの構造の違い別に見たデータの種類には、時系列データ、横断面データ、繰り返し横断面データ、パネルデータがあります。

　時系列データ（time series data）は、1つの同一の調査対象を複数期間にわたって追跡調査して得られたデータです。例えば、日本の GDP は四半期ごとに毎年公表されていますが、このようなデータは時系列データです。国や地方自治体といった規模の大きな調査を行ったデータによく見られ、長期間にわたって調査されるため、調査項目は絞られていることが少なくありません。**横断**

3）井出（2003）、石村・劉・玉村（2009）、土居・浅利・中野（2019）では、Excel を用いた産業連関分析の方法を紹介しています。

面データ（cross-sectional data）は、異なる調査対象を 1 時点（または一定期間）において調査して得られたデータです。例えば、自社の製品やサービスに対する消費者の評価を調べるモニター調査は、主に、販売後のある一定期間に、不特定多数の人々に実施することから、横断面データに該当します。国や地方自治体に限らず、民間のアンケート調査などでもよく見られ、1 時点の調査である分、調査項目にバリエーションがあるといった特徴があります。**繰り返し横断面データ**（repeated cross-sectional data）は、異なる調査対象を複数期間にわたって追跡調査して得られたデータです。例えば、塾や学校で実施される学力テストは、各学年において毎年実施されますが、学年は同じ学年でも、テストを受ける学生は毎年変わることから、繰り返し横断面データに該当します。繰り返し横断面データの場合、調査対象が被らないように何回も同じ質問項目について調査しているため[4]、同じ属性を有する調査対象グループの変化については捉えられるものの、個々の調査対象の変化については捉えられないことから、やや粗い分析になってしまうという欠点があります。

　パネルデータ（panel data）は、複数の同一の調査対象を複数期間にわたって追跡調査して得られたデータです。例えば、ある企業において、人材育成制度の一環として、新入社員のその後のキャリアパス（どのような職務に就いてきたのか、どのような経験を積んできたのかなど）を調査しているような場合は、パネルデータの一例に挙げられます。パネルデータのメリットは、調査対象の行動がなぜ変化したのかについて、原因と結果の関係（**因果関係**[5]）を分析できることです。どのようにして因果関係を識別するのかというと、パネルデータを用いれば、①過去に起こった出来事が、その後の調査対象の行動をどのように変化させたのかについて、過去と現在の調査対象の状態や環境の変化を把握することができ、過去の影響を分析に取り入れることができること[6]、②時間一定の影響（例えば、出生年月や身体の性などの時間が経過しても変わ

4）もしくは、同じ調査対象が異なる時点の調査に参加しているとしても、調査記録の情報からは、同じ調査対象であると認識できない場合も該当します。

5）因果関係と比べられる相関関係は、2 つの対象が原因と結果のどちらであるかを特定しない点で因果関係と異なります。なお、相関関係と因果関係については、森田（2014）、佐藤（2015, 10章）、中室・津川（2017）を参照してください。

らないものの効果）を、**階差**[7]をとること、級内平均を引くことによって分析から排除できること[8]が挙げられます。ただし、他のデータ同様に、パネルデータにもデメリットはあり、複数期間にわたって同一人物を追跡調査するデータの構造上、途中で脱落する調査対象がいるため、脱落する調査対象が特定のグループに偏っている場合には、データの扱いに注意が必要です[9]。

4.2 データはどこからどのように集めればいいのか

データは私たちの身近にあり、手に入れやすくなっています。それでは、私たちはデータを用いて分析する際、どのようにしてデータを集めたらよいでしょうか。

データを得るには、大きく分けて、①他からデータを借りるという方法と、②自らが直接データを収集する方法の2つがあります[10]。ここでは、まず他からデータを借りる方法について説明し、そのあと、アンケート調査[11]などによる自分でのデータ収集[12]について説明します。

なお、他からデータを借りる方法にも、①データの提供機関に申請をし、承認をもらう手続きを経る必要がある場合と、②申請、承認の手続きは必要なく、データの名前、提供機関などとともにデータを利用した旨を成果物に記載

---

6) 例えば、過去の影響をラグ項（1年前や2年前のデータ）として用いることによって、現在の状態を説明するなどの分析（例えば、自己回帰〔autoregressive：AR〕モデルなど）を行う際に役立ちます。

7) 隣り合う項の差をとることで、ここでは、今期の値から前期の値を引き算することを指します。

8) 固定効果（Fixed Effect：FE）モデルが該当します。

9) サンプル脱落については、Lillard and Panis (1998)、村上（2003）、坂本（2003, 2006）、北村（2005）、宮内・McKenzie・木村（2006）、直井（2007）、三輪（2008）、田辺（2012）を参照してください。

10) この他、統計学や計量経済学のテキストで用いられているデータも入手可能な場合があります。例えば、gretlなどの統計ソフトでは、テキスト内で示された結果を再現する演習用としてデータが提供されています。

11) 日本では、質問票を使った調査に対して「アンケート」が使われることが多いようです。しかし、佐藤（2015）が指摘するように、英語圏では「サーベイ」もしくは「サーベイ・リサーチ」が使われています。なお、佐藤（2015）では、第11章に「サーベイ」の章が設けられていますが、ここでいう「アンケート」の詳細な説明がされています。

すればよい場合があります。インターネットが普及した現在、ウェブを通じて簡単にデータを入手することが可能です[13]。以下では、無料でかつ誰もが入手可能なデータとその提供機関について紹介したあと、承認の必要なデータの申請、返還の手続きについて説明します。

提供されているデータ

　執筆したいテーマが決まり、どのようなデータが必要か目星を付けたら、実際にデータを探してみましょう。データは、国内外において、国や地方自治体、大学などの教育機関、研究機関、企業などが公表し、提供しています。主に、時系列データや横断面データ、集計データが提供されています。しかし、1990年代後半からはパネルデータの提供が始まり、個別の調査対象についてまとめた個票データも、条件をクリアすれば利用できるようになっています。

　以下では、実際に提供されているデータについて、マクロデータ（国や自治体のデータ）、ミクロデータ（家計・企業のデータ）、その他の3つについて紹介します。

(1) マクロデータ

　日本政府が提供するデータは、総務省統計局の「**政府統計の総合窓口**」（e-Stat）を通じて入手可能です。これは、白書などに掲載されている各府省が公表する各種政府統計データを一括で取り扱っているポータルサイトであり、データを検索し、ダウンロードできることはもちろん、データベース化されたデ

12）なお、実験によりデータを入手する場合もあるでしょう。その場合、学内の倫理審査委員会への事前承認が必須になります。実験を行う際には、委員会の開催スケジュールを把握したうえで、早めに承認をもらい、実験を行えるよう準備しておくことが必要になります。なお、実験の仕方については、西條・清水（2014）、佐藤（2015）を参照してください。また、実験については、行動経済学分野で多く行われていることから、行動経済学の関連書（セイラー・サンスティーン〔2009〕、西條・清水〔2014〕、筒井他〔2017〕）も読んでおくことをお勧めします。

13）データを簡単に入手することができるようになったとはいえ、データはインターネット上だけで入手できるわけではありません。雑誌などの紙媒体からのデータ入力によっても入手可能であり、特に過去のデータを扱いたい場合には、紙媒体のデータを手作業でパソコンに入力して作業する必要がある場合もあります。

ータを使って、グラフ、時系列表を作成したり、地図上にデータを表示したりできるなど、データの即時可視化にも優れています。

　日本における各地域の人口動態、産業特性、観光、雇用、医療・福祉、地方財政などに関するデータを利用したい場合は、内閣府の「**地域経済分析システム**」（Regional Economy Society Analyzing System：RESAS）が有用です。これは、自治体職員など、地域活性化のための施策の立案・実行・検証に利用されています。コンテンツが充実しており、データを可視化するツール、データのExcel形式での提供（数値データのみならず、グラフも提供）、学習指導案や授業資料の提供などが行われています。中でも、「データ分析支援機能」は、RESASに搭載されているデータ・グラフの中から、分析テーマに沿った代表的な分析画面を表示してくれる他にはない優れた機能で、初学者にとっては勉強になります。具体的には、「グラフの見方」、データの特徴の「示唆」、分析結果から施策を検討するヒントを提示する「施策検討例」等のコメントが画面に表示されます。また、地方創生に関する政策を提案するコンテストも行っており、利用を促進する取り組みが積極的に行われています。

　なお、現在は公的統計ミクロデータの利用やオーダーメード集計[14]も可能になっています。これについては、一橋大学経済研究所附属社会科学統計情報研究センターと独立行政法人統計センターが連携し、学術研究を行う研究者などを対象に、公的統計の匿名データの提供や統計分析などの情報処理を行うことができるオンサイト利用施設の提供を行っています。

　海外諸国の人口・世帯、経済、教育、環境などの主要データを入手したい場合も同様に、各国の政府統計機関がデータを提供しているため、確認するとよいでしょう。なお、e-Statでは、「外国政府の統計機関」と題してリンク集を掲載しているため、参照すると効率よくデータを入手することができます。

　さらに、経済活動などで連携する国々においては、関係各国の状況をまとめた資料、統計を作成しており、これら国際機関のデータも、インターネットを通じて誰もが無料で閲覧可能（オープンアクセス、Open Access：OA）となっ

14）一般からの委託に応じ、行政機関などが行った統計調査の調査票情報を利用して、統計の作成または統計的研究を行うことです。

　ています。例えば、OECD（Organisation for Economic Co-operation and De-velopment）の「**OECD.Stat**」では、加盟国および一部非加盟国のデータとメタデータ（Metadata：データの詳細を示す付帯情報）をダウンロードできます。また、「**OECD Data**」では、主に最新のデータを用いた図表の作成、地図上へのマッピング、関連する OECD の刊行物などの閲覧、そしてそれら情報を Facebook や Twitter、E-mail などを用いてシェアすることができます。なお、OECD は他にも、生徒の学習到達度調査（Programme for International Student Assessment：PISA）、国際数学・理科教育動向調査（Trends in International Mathematics and Science Study：TIMSS）、国際成人力調査（Programme for the International Assessment of Adult Competencies：PIAAC）、国際教員指導環境調査（Teaching and Learning International Survey：TALIS）などの独自調査を行っており、無料で提供しています。

　EU（European Union）に関連する統計情報を作成、提供する **Eurostat** では、サイト内の「Database」で、データをテーマ別やアルファベット順の中から検索することができます。こちらも、「Data Browser」で、データを用いた図表の作成、地図上へのマッピング、そしてそれらの情報を Facebook や Twitter、E-mail などを用いてシェアすることができます。Eurostat では、データの特徴を視覚的に把握しやすくするなどの工夫がされており、「Visualization & Tools」のサイトでは、図表だけでなく、イラストを用いたり、クイズ方式にしたりして Eurostat が扱うデータについての理解を深められるようにするなど、小さい子どもでもわかるような内容でデータを公表しています。なお、Eurostat では、個票データを入手することも可能です。しかし、研究目的のみに利用が限られており、所属する組織が Eurostat に登録されている必要があります。組織の登録が終わると、研究計画書を提出し、承認されればデータが提供されます。データの利用には期限が定められており、期限内に分析を終え、分析後はデータを破棄し、結果を Eurostat に送る必要があります。

　アジアでは、ASEAN（Association of Southeast Asian Nations）に関連する統計情報を作成、提供する「**ASEAN Statistics Division**」（ASEANstats）があり、「ASEANStatsDataPortal」でデータを検索した後、データのダウンロード、図表の作成ができます。また、「ASEAN Interactive Data Visualisation Dashboards」では、ヒト、モノ、サービスの往来に関するデータを円グラフや棒グラフなどで簡単に確認することができ、結果を Facebook や Twitter、Linked in、E-mail などを用いてシェアすることができます。

　上記で紹介したデータは、加盟国のデータに偏るといった点で扱いにくさがありました。これに対し、**World Bank** の「**World Bank Open Data**」では、データを網羅的に扱っている点で、扱いやすいというメリットがあります。サイト内は大きく 3 つに分かれています。「DataBank」では、データのダウンロード、図表の作成、地図上へのマッピングはもちろん、Facebook や Twitter、Linked in、新浪微博などの多様な SNS（Social Networking Service）を用いてシェアすることができます[15]。「Microdata Library」では、World Bank、その他の国、地域、組織からの個票データをまとめて紹介しており、データを使用したい場合は、名前、メールアドレス、国、パスワードを登録した後、研究プロジェクトについての説明（研究課題、研究方法、期待される結果、共同研究者についてなど）を申請時に提出する必要があります。「Data Catalog」は、データ検索に特化しており、検索ワードを直接入力しての検索や、国別やライセンス別（オープンアクセスであるかなど）、データの種類別（個票データか時系列データかなど）といったデータの検索ができます。

(2) ミクロデータ：家計データ

　家計データは、家計や個人に対して、消費、就学、就業、出産・育児・医療・介護、幸福度などについて調査してまとめられたデータです。

　中でも、個票データについては、大学から無料で提供されていることが多く、また学生の利用も可能になってきているため、個票データを利用するなら、大学から提供されるデータを利用することをお勧めします。表 4−1 には、大学から提供されているデータの一部を掲載しています。

　東京大学社会科学研究所附属社会調査・データアーカイブ研究センターの Social Science Japan Data Archive（SSJDA）は、国内最大のデータアーカイブ

15）なお、OECD はパリに本部があるため、サイト内での言語を英語とフランス語の中から選択できる一方、World Bank の場合は英語、スペイン語、フランス語、アラビア語、中国語の中から選択できる点で、留学生が利用しやすくなっています。

表4-1　ミクロデータ（家計データ）の例

データ名	調査機関	調査開始年
働き方とライフスタイルに関する全国調査（Japanese Life Course Panel Survey：JLPS）	東京大学社会科学研究所附属社会調査・データアーカイブ研究センター	若年パネル調査（2007年～）、壮年パネル調査（2007年～）、高卒パネル調査（2004年～）
日本家計パネル調査（Japan Household Panel Survey：JHPS/KHPS）	慶應義塾大学パネルデータ設計・解析センター	2004年～
消費生活に関するパネル調査（Japanese Panel Survey of Consumers：JPSC）		1993年～
日本子どもパネル調査（Japan Child Panel Survey：JCPS）		2010年～
東日本大震災に関する特別調査（Great East Japan Earthquake Special Survey：GEES）		2011年6月、10月
くらしの好みと満足度についてアンケート調査（Japan Household Panel Survey on Consumer Preferences and Satisfaction：JHPS-CPS）	大阪大学社会経済研究所	2003年～
日本版総合的社会調査（Japanese General Social Surveys：JGSS）	大阪商業大学JGSS研究センター	2000年～
東アジア社会調査プロジェクト（East Asian Social Survey：EASS）		2006年～

であり、各種データを提供しています。多くは横断面データ（個票データ）を提供していますが、東京大学社会科学研究所の「働き方とライフスタイルに関する全国調査」（Japanese Life Course Panel Survey：JLPS）」の若年パネル調査（JLPS of the Youth：JLPS-Y〔2007年から〕）、壮年パネル調査（JLPS of the Middle-aged：JLPS-M〔2007年から〕）、高卒パネル調査（JLPS of the High School Graduates：JLPS-H〔2004年から〕）の3つのパネルデータをはじめ、寄託されたパネルデータ（例えば、ニッセイ基礎研究所の「暮らしと生活設計に関する調査」（中高年パネル調査）、東京都老人総合研究所とミシガン大学の

「全国高齢者パネル調査」、日本家族社会学会全国家族調査委員会の「全国家族調査」(National Family Research of Japan：NFRJ)、そして、現在、北海道大学大学院医学研究院に事務局を置いている「コホート研究による発がん要因の評価に関する研究」(The Japan Collaborative Cohort Study for Evaluation of Cancer Risk：JACC Study) も利用可能です。

　慶應義塾大学パネルデータ設計・解析センターでは、「日本家計パネル調査」(Japan Household Panel Survey：JHPS/KHPS) を2004年から日本の男女を対象に、また、「消費生活に関するパネル調査」(Japanese Panel Survey of Consumers：JPSC) を1993年から日本の女性を対象に、実施しています。この他、「日本子どもパネル調査」(Japan Child Panel Survey：JCPS〔2010年から〕)、「東日本大震災に関する特別調査」(Great East Japan Earthquake Special Survey：GEES〔2011年6月と10月に調査実施〕)、日本政策金融公庫総合研究所寄託の「新規開業パネル調査」(2001年から) なども提供されています。

　この他、日本国内だけでも多くのパネルデータが調査されています。厚生労働省の「21世紀出生児縦断調査」、「21世紀成年者縦断調査」、「中高年者縦断調査」、独立行政法人経済産業研究所と一橋大学、東京大学の「くらしと健康の調査」(Japanese Study of Aging and Retirement：JSTAR)、日本大学の「健康と生活に関する調査」(Nihon University Japanese Longitudinal Study of Aging：NUJLSOA) などがあり、社会学、経済学、医学などの多くの分野で貢献しています。

　国際比較が可能なように、調査を日本と海外で行っている場合もあります。大阪大学社会経済研究所では、「くらしの好みと満足度についてアンケート調査」(Japan Household Panel Survey on Consumer Preferences and Satisfaction：JHPS-CPS) を2003年から日本の男女を対象に実施しており、その後、アメリカ、中国、インド（都市部と農村部に分かれており、追跡調査は都市部のみ実施）についても調査されています。

　大阪商業大学の Japanese General Social Surveys (JGSS) 研究センターでは、「日本版総合的社会調査」(JGSS) を2000年から日本の男女を対象に、また、「東アジア社会調査プロジェクト (East Asian Social Survey：EASS) を2006年から台湾、韓国、中国の男女を対象に実施しており、データを東京大学の

SSJDA に寄託しています。なお、JGSS は横断面データです。

　パネルデータは現在、多くの国で入手可能になっています。ウェブでダウンロードしてすぐに利用できるものや、CD-ROM を郵送してもらう必要があるものなど、提供方法はデータによって異なります。

　パネルデータの先駆けであるアメリカでは、1960年代から 2 つのパネルデータの調査が開始されています。労働統計局の National Longitudinal Surveys（NLS）は1966年から、ミシガン大学社会調査研究所の Panel Study of Income Dynamics（PSID）は1968年から調査が行われています。また、Health and Retirement Study（HRS）はアメリカの50代以降の中高年齢者を調査対象としており、1992年から調査されています。いずれのデータも、専用ウェブサイトから、氏名、所属、住所、電話番号、学位、関連分野、メールアドレス、パスワードなどを登録すれば、すぐに SAS、SPSS、Stata などの形式[16]でデータをダウンロードし、入手することができます。

　他にも、表 4 - 2 にある通り、ヨーロッパやアジアでもパネル調査は行われています。このように、多くの国でパネル調査は行われており、決して珍しいものではなくなっています。

　先に紹介したデータ以外にも、複数の国で調査が実施されていたり、国際比較しやすいように、異なる国のパネルデータの変数の定義をあわせていたりするパネルデータもあります。

　Eurostat の European Community Household Panel（ECHP）は、1994〜2001年の 8 年間調査を行っており、ベルギー、デンマーク、ドイツ、アイルランド、ギリシャ、スペイン、フランス、イタリア、ルクセンブルク、オランダ、オーストリア、ポルトガル、スウェーデン、イギリスが調査対象国となっています。後継の European Union Statistics on Income and Living Conditions（EU-SILC）は、2003/2004年から調査が開始されています。

　マックス・プランク研究所の Munich Center for the Economics of Aging（MEA）の Survey of Health, Ageing and Retirement in Europe（SHARE）は、2004/2005年から、50歳以上を対象に、ヨーロッパ諸国（デンマーク、ドイツ、

16）統計・計量ソフトについては、第 6 章で紹介します。

表 4-2 海外のパネルデータ

National Longitudinal Surveys (NLS)	アメリカ（労働統計局）	1966年〜
Panel Study of Income Dynamics (PSID)	アメリカ（ミシガン大学	1968年〜
Health and Retirement Study (HRS)	社会調査研究所）	1992年〜
British Household Panel Survey (BHPS)	イギリス	1991〜2009年
UK Household Longitudinal Study-Understanding Society (UKHLS)		2010年〜
Russia Longitudinal Monitoring Survey-Higher School of Economics (RLMS-HSE)	ロシア	1994年〜
Swiss Household Panel (SHP)	スイス	1999年〜
Survey of Labour and Income Dynamics (SLID)	カナダ	1993年〜
German Socio-Economic Panel Study (GSOEP)	ドイツ	1984年〜（東ドイツについて は1990年から調査開始）
Survey of Household Income and Wealth (SHIW)	イタリア	Annual database (1989 年〜)、Historical database (1977年〜)
Panel Study on Belgian Households (PSBH)	ベルギー	1991年〜

Dat biedt de Household Survey (DNB Household Survey : DHS)	オランダ	1993年～
Longitudinal Internet studies for the Social Sciences (LISS)		2007年～
Household Market and Nonmarket Activities (Hushållens ekonomiska levnadsförhållanden : HUS)	スウェーデン	1984年～
Panel Socio-Economique Liewen zu Lëtzebuerg (PSELL)	ルクセンブルク	2003年～
Indonesia Family Life Survey (IFLS)	インドネシア	1993/1994年～
Household, Income Labour Dynamics in Australia Survey (HILDA)	オーストラリア	2001年～
Chinese Longitudinal Healthy Longevity Survey (CLHLS)	中国	1998年～
Korean Labor & Income Panel Study (KLIPS)		1998年～
Workplace Panel Survey (WPS)	韓国	2002年～（実際に入手できるデータは2005年からのもの）
Panel Study of Family Dynamics (PSFD)	台湾	1999年～（2012年から隔年調査）

アイルランド、ギリシャ、スペイン、フランス、ハンガリー、イタリア、ラトビア、リトアニア、ルクセンブルク、オランダ、オーストリア、ベルギー、クロアチア、チェコ、エストニア、フィンランド、ポーランド、ポルトガル、ルーマニア、スロバキア、スロベニア、スウェーデン、スイス、ブルガリア、キプロス、マルタ）とイスラエルで調査を行っています。

オハイオ大学人間科学部の Cross-National Equivalent File（CNEF）は、PSID、GSOEP、BHPS、UKHLS、SLID、RLMS-HSE、KLIPS、SHP、HILDA、JKHPS を統合したデータであり、変数の定義を統一し、異なるパネルデータであっても比較可能なようにしています。

(3) ミクロデータ：企業データ

企業は、企業情報という形で、設立年や代表者、従業員数、資本金、売上高などのデータを提供しています。株式会社の場合には、株主や投資家に対して、経営状態や財務状況、業績・今後の見通しなど、IR情報も提供しています。家計・個人ベースのデータの場合、匿名性の問題から個票データを入手することが難しいのに対し、企業ベースのデータの場合、個々の企業に関しては、上述のように比較的入手しやすくなっています。しかし、複数企業の情報について検索や蓄積が容易にできるよう整理されたデータベースとなると、無料で利用できるものもありますが、その多くは有料であり、しかも高価で利用は難しいでしょう。大学によっては企業データが充実しているところもあります。無料で利用できる場合は、是非利用するべきです。

企業データと言えば、帝国データバンクや東京商工リサーチといった、企業調査会社の提供するデータベース、東洋経済新報社や日本経済新聞社といった、ビジネスや経済に関する出版社や新聞社の提供するデータベースなどが知られています。これらのデータベースでは、提供される内容や情報量によって、金額が異なります。個人での利用の際には、見積もりを取り、他と比較したうえで利用を検討するとよいでしょう。

帝国データバンクの COSMOSNET は、信用調査報告書や企業概要・決算書情報、倒産情報、人事情報、新聞記事、世界200カ国・約3.75億社のグローバル企業情報などの情報をオンラインで入手できます。会員制で、入会金は無

料であり、月額3000円から利用可能です。

　東京商工リサーチの tsr-van2 は、データメンテナンスを毎日実施し、常に鮮度の高い情報を提供していることを売りにしている、オンラインデータサービスです。800万件以上の国内企業情報を月額3000円から入手可能であり、申込料は無料です。また、全世界240カ国超の海外企業情報も入手できます。

　日本経済新聞社の日経 NEEDS は、企業・財務データ、株式・債券データ、商品データ、国内外マクロ・金融データ、地域経済データ、商業データなどを網羅的に提供しています。なお、日本経済新聞社の系列である日経メディアマーケティングは、日経 NEEDS や日経テレコン、日経バリューサーチ、日本経済新聞電子版などの日本経済新聞社グループが提供する各種情報サービスに加え、グローバルなデータサービスや企業情報、金融・投資専門情報などを幅広く取り扱っています。大学・教育機関向けサービスも提供していることから、図書館や研究室、就職・キャリア支援センターなどで見かけたことがある人もいるでしょう。

　東洋経済新報社の東洋経済データサービスは、財務データ、上場会社基本データ、役員データ、大株主データ、会社四季報データ、会社四季報未上場版データ、外資系企業データ、海外進出企業データ、日本の会社データ（4万社分）、就職四季報データ、Corporate Social Responsibility（社会的責任）データ、大型小売店データ、地方自治体データ、大学データなどの多種多様なデータが提供されています。東洋経済新報社は、四季報を出版している出版社であり、国内の全上場企業（4300社）、非上場企業（100万社以上）、海外の全上場企業（3万7000社）の企業情報の他、業界情報（550業種）や新聞記事、経済統計などを収録したデータベースを提供しています。こちらも、アカデミック版と称して、大学・教育機関向けサービスを提供しています。

　マージェント・ジャパン株式会社の Mergent Online は、全世界の主要な上場・未上場企業の企業属性情報・財務情報、債券、株式、アニュアルレポート、国別概況情報、各種業界分析レポートなどの基本情報を、質・量ともに豊富に提供している、オンラインデータサービスです。特に、アメリカの上場企業の情報を豊富に有していますが、アメリカ以外の株式を公開している上場企業についても詳細なデータを入手可能です[17]。操作もしやすく、企業のデー

タを Word、Excel、PDF、HTML 形式で一括ダウンロードすることが可能です。なお、Mergent Online では英語が使用されているので、英語が苦手な人には、扱うにはハードルが高いと言えます。

銀行に関するデータベースは、全国銀行協会が提供しています。全国銀行協会は、「全国銀行決算発表」（個々の銀行が毎期末に公表する業務報告書を集計し、全国銀行〔単体・連結〕および業態別〔単体〕の損益状況、主要勘定月末残高、利回り・利鞘などを掲載）、「全国銀行財務諸表分析」（個々の銀行が毎期末に公表する業務報告書を集計し、業態別〔単体・連結〕、各行別〔単体・連結〕に貸借対照表と損益計算書を掲載。また、業態別動向、経営諸比率なども掲載）などの情報を提供しています。

企業データベースは、企業だけでなく、公的機関からも入手が可能です。例えば、金融庁の EDINET（Electronic Disclosure for Investor's NETwork）は、有価証券報告書などの開示書類を閲覧することができます。ただし、直近 5 年間分しかデータが手に入らないこと、上場企業のみのデータしか入手することができないなどの制限があります。また、あくまで書類の閲覧が可能であり、統計ソフトが扱えるファイル形式でのデータ提供はしていません。このため、必要な値を自分でパソコンなどに入力して、分析ができる形にする必要があります。

⑷ その他のデータ

最後に、地理情報、POS（Point of Sales）データ、テキストマイニングといったデータについて紹介します[18]。

17）日経メディアマーケティングの提供するサービスの 1 つには、Mergent Online が含まれています。

18）2000年代後半に入り、ビッグデータ（big data）が注目されています。ビッグデータとは、私たち個人が一般的に利用しているデータ管理・処理ソフトウェアでは扱うことが困難なほど、巨大で複雑で多様なデータの集合体のことです。昨今の IT 技術の発展により、高速で膨大なデータをやり取りすることができるようになったため、これまで見過ごされ、利用されてこなかったデータが利用できるようになりました。例えば、消費者の購買履歴などはマーケティングに利用され、私たちにおすすめ商品を提示することなどに応用されています。

　地理情報とは、地球上に存在する山川・海陸・気候・人口・集落・産業・交通などの状態を示します。中でも、ArcGIS[19]は、ESRI ジャパン株式会社が提供する地理情報システム（GIS：Geographic Information System）で、多くの人に利用されています。地球上に存在する地物や事象といった地理情報をコンピュータの地図上に可視化して、地理情報との関係性や傾向を読み解くことに有効です。例えば、新店舗の開店先の決定やハザードマップの作製などに利用でき、視覚的にわかりやすく情報を理解することができます。

　POS データ[20]は、どの商品が、いつ、どこで、いくらで、どのくらい販売されたかなど、販売実績を表すデータです。POS とは販売時点を意味します。POS データを用いれば、自社製品の市場シェアの把握、競合商品の売れ行きの確認、新商品開発のマーケティングなどに利用できます。

　テキストマイニング[21]は、テキスト（文字）データを用いて分析する方法で、単語の出現頻度や関連性を見ることに使われます。テキストに関連していれば、SNS への書き込み、音声データをテキスト化したものも、テキストマイニングの分析対象となります。例えば、Google Trends では、Google で検索されたキーワードの検索数を公開しており、特定の期間内にどのようなキーワードが多く検索されたか、その動向を調べることができます。これを用いれば、市場の動向や消費者の意識などを分析することが可能です。

承認のいるデータ：データの申請から返還・削除までの作業について

　利用するデータが決まったら、データを入手する作業に移ります。データは、ウェブでダウンロードしたあとすぐに分析に移れるものもあれば、データ提供機関に申請手続きをし、承認されてからようやく入手できるものもあります。特に、個票データについては、条件を加えていけば特定の対象の情報にた

19）ArcGIS については、大場（2019）、橋本（2019）を参照してください。

20）POS データについては、阿部・外木・渡辺（2008）、本藤・奥島（2015）、阿部他（2016）を参照してください。

21）テキストマイニングは、Excel、R、Python や KH Coder などを用いて分析ができます。KH Coder は、テキストマイニングに対応しているフリーソフトウェアです。分析方法については、石田（2017）、Silge and Robinson（2018）、末吉（2019）、樋口（2020）を参照してください。

とり着く可能性も少なからずあり、たとえ個人情報の特定ができる情報を極力削除してデータを提供していても、利用にあたっては、利用者のモラルが問われることになります。

　以下では、データ提供機関からデータ提供を受ける場合において、どのような作業が必要かについて説明します[22]。

　データを申請する際、データを利用する目的などを利用申請書に記載し、データ提供機関に伝える必要がある場合があります。一般に、データ提供機関は、そのデータを収集する際に用いた調査票や単純集計の結果、時にはそのデータを用いた論文などを公表しており、利用希望者は、それらの情報からどのような分析ができるかを事前に考えることができるようになっています。また、利用希望者が学生の場合、指導教員からの推薦状が必要な場合もあれば、申請は指導教員を通じて行う場合もあり、時間に余裕をもって研究計画を立てる必要があります。

　データの利用を終えたら、データをどのように利用し、データを用いた結果をどこに公表したのかといった情報を報告書などにまとめ、執筆した論文などとともに提出する必要がある場合もあります。なお、利用したデータについては、必ず謝辞などで提供を受けた旨を示すことが礼儀となっています。これは、データ利用機関への感謝の意を示すとともに、データの認知を広める普及活動にも貢献します。

　なお、提供を受けるデータの中には、利用期間が定められているものがあり、利用期間内に分析を終えた後、データを返還したり、消去したり、さらに利用をしたい場合には延長手続きをとったりする必要がある場合もあります。残念ながら、データを利用したにもかかわらず期限までに報告書の提出をしなかったり、返還の必要なデータであるにもかかわらずデータが返還されなかったりと、利用者のモラルが低いために、利用条件が厳しくなるなどの措置が取られる事例も生じています。データ提供機関をはじめ、他の利用者に迷惑を掛けないためにも、データを提供された場合には、利用規約を遵守することが求

---

22) 具体的な手続きについては、データ提供機関ごとに異なることから、詳細は利用するデータ提供機関の利用方法を確認してください。

められます。

匿名データの利用にあたって：個人情報保護の強化

　データを利用するにあたり、個々の調査対象が特定されないように加工された匿名データを利用することになるでしょう。これに関して、個人情報保護が重要になっています。

　近年、情報通信技術の発展とグローバル化などの急速な環境変化により、多種多様なデータを大量に移転、処理、保管することが可能になっています。その反面、情報流出などにより、個人情報を悪用し、個人のプライバシーが侵害される犯罪が増えてきています。これに伴い、「**個人情報の保護に関する法律**」（個人情報保護法）が2003年5月に公布、2005年4月に施行され、個人情報を適切に管理し、有効に活用できるよう共通のルールが定められました。その後、改正法が2015年9月に公布、2017年5月から施行されました。改正により、これまでは5000人以下の個人情報しか有していない企業・事業者は対象外でしたが、個人情報を取り扱うすべての事業者に個人情報保護法が適用されることになりました。

　海外でも個人情報保護の重要性については強く認識されており、EU[23]では、「**General Data Protection Regulation**」（GDPR：一般データ保護規則）といって、EU域内の個人データ保護を規定する法が2016年4月に制定、2018年5月に施行されました。これは、1995年から適用されていたData Protection Directive 95/46/EC（EUデータ保護指令）が、法的執行力と制裁の程度が限定的であり、個人情報に関する具体的な規制がEU加盟国ごとに異なっていたのに対し、プライバシー保護の厳格化のために、個人情報の適用範囲の拡大[24]、執行力の強化、制裁の厳罰化[25]、そしてEU加盟国に一律に直接効力を発揮

23）具体的には、EU加盟国および欧州経済領域（EEA）の一部です。アイスランド、ノルウェー、リヒテンシュタインが該当します。

24）IP（Internet Protocol）アドレスやIDFA（Identifier for Advertisers）、ADID（Advertising ID）などの端末識別子も、新たに個人を特定する情報とみなされるようになりました。

25）GDPRでは、数十億円規模の莫大な罰金が課せられる可能性があります。

する点でより統一的で厳格な管理体制が整備されました。

　このように、個人情報保護については、ルールが厳格化されています。データの利用にあたっては、個人情報保護を意識しましょう。

自らがデータを収集する方法：アンケートによるデータの入手

　自分で調査を行う場合、どのようにして調査を実施すればよいでしょうか。調査の方法には、対面調査と非対面調査があります[26]。対面調査とは、調査対象者と調査員が直接会話し、調査員が質問用紙に調査対象者の回答を聞いて記入する調査です。訪問調査や電話調査が該当します。時間と手間、費用がかかりますが、確実に回答を得たい場合には有効です。

　対して、非対面調査とは、調査対象者自身が質問に直接回答する調査です。調査対象者に調査票を郵送し、回答後に返却してもらう郵送調査や、インターネットを通じてアンケートサイトにアクセスしてもらい、ウェブ上で回答してもらうインターネット調査[27]が該当します。対面調査と比べると、時間と手間、費用は抑えられますが、無回答や誤回答が多くなる可能性があります。

　最近では、インターネット調査は珍しくありません。ウェブを用いたアンケートが利用される理由として、アンケートの実施と結果の集計がスムーズに行えることが挙げられます。ウェブを用いたアンケートは、アンケート作成ツールなど、テンプレートが準備されていることが多く、それらを使用することで簡単に調査することが可能です。その他のメリットとして、タイムラグなく回答をデータ化でき、回収したアンケートの集計もすぐに行えること、場所や時間を問わず、アンケートを行えることがあります。これらのメリットを活かし、例えば、国際比較などを行いたい場合、複数の言語でアンケートを作成すれば、回答数を大きくすることができます。また、工夫によっては、アンケートの回収率を高くし、適切な回答を得やすくすることもできます。ウェブでのアンケートであれば、回答をしなければ次の質問に移動できないなどの制約を設けることが容易であり、無回答や不備のある回答を減らせます。

---

26) 郵送調査と面接調査の比較については、前田（2005）を参照してください。
27) インターネットを用いた調査については、Tourangeau, Conrad, and Couper（2019）を参照してください。

　多くのメリットがある一方、インターネット環境が整っていなければ、調査対象から外れてしまうため、調査対象者がインターネットユーザーに限定されてしまうセレクションの問題が生じるといった問題もあります。

　インターネット上でアンケートを作成、実施する方法には、アンケートの作成、配布、回収すべてを自分で行う方法と、インターネット調査会社に調査を依頼する方法の2つがあります。

　すべてを自分で行う方法は、ウェブアンケート作成ツールに搭載されているアンケート作成フォームや URL を使った配布機能、回答の集計機能を活用して、自分でアンケートの作成から配布までを行います。

　無料でできるウェブアンケート作成ツールとして、Google フォーム、Facebook のグループ、ストーリーズ、マクロミルの Questant があります。

　Google フォームは、Google が提供しているサービスであり、テンプレートを用いて簡単にアンケートフォームを作成することができます。回答内容が自動的に集計・グラフ化され、CSV ファイルのダウンロードも可能であり、Excel などで加工できます。質問に写真や動画も追加可能です。無料プランであっても、設問数は無制限に設けることができます。

　Facebook では、グループ、ストーリーズ（iOS または Android デバイスでのみ）でアンケートをすることができます。Facebook ページ・個人アカウントでも利用可能で、アンケート項目として、テキストはもちろん、写真画像やGIF 画像も設定できます。なお、選択問題の場合、複数選択も可能です。

　マクロミルの Questant でも、無料で簡単にアンケートフォームを作成できます。ただし、無料プランでは、質問数が10個まで、回答結果の閲覧数が100件までと限定されており、また調査対象を絞っての調査はできません。

　インターネット調査会社に調査を依頼する方法では、調査会社が保有するモニターに回答を依頼するという形で調査を行います。調査会社が介入している調査の中には回答者へのポイント付与などの謝礼があるものもあるため、回答率を上げられることがメリットです。金銭的な余裕があれば、調査会社に調査を依頼すると、時間も手間も省けます。調査会社には、得意とするアンケートがあり、希望する調査内容と照らし合わせて調査会社を選択するといいでしょう。

(1) ランダムサンプリング（無作為抽出）

データを収集する際に気をつけなければならないこととして、データに偏りがないかが挙げられます。全数調査と標本調査の項で説明しましたが、全数調査であれば、特定の調査対象に限られていないため、分析で実態と乖離した結果を得ないですむというメリットがあります。しかし、標本調査の場合、母集団の一部を調査することから、母集団と同じ構成となるように標本を抽出しないと、分析によって得られた結果が真実を示しておらず、ミスリードな結論を招いてしまいます。このため、標本調査を行う際には、母集団のミニチュアを作るイメージで、**ランダムサンプリング（無作為抽出**：random sampling）と言って、標本をランダムに抽出することが求められます。同じ属性を有する調査対象のみが抽出されたり、事前にどの調査対象が抽出されるかがわかっているような状態で抽出されたりする場合は、ランダムサンプリングとは言えません。統計学の授業では、よくコイン投げによるコインの裏表の出方やサイコロの目の出方について収集することが、ランダムサンプリングの例として紹介されています。当然のことながら、細工をしてコインやサイコロの特定の面が出やすい状態であった場合、ランダムサンプリングには該当しません。

調査を自ら行う場合には、このランダムサンプリングを意識しなければ、せっかく分析を行って結果を得られたとしても、データが不適切であるとして評価対象外になることもあるため、特に気を配る必要があります。

(2) 標本抽出の種類

データを収集する際に必ず気をつけなければならないことは、収集したデータがランダム（無作為）に抽出されているかであることを説明しました。ここでは、標本の抽出の仕方について紹介します。

信頼され、多くの利用者がいるデータの抽出には、無作為抽出法が利用されています。**無作為抽出法**は、母集団の中からランダムに標本を抽出する方法です。無作為抽出法として最もシンプルなものには、**単純無作為抽出法**があります。これは母集団から乱数表を用いて必要なだけ標本を抽出する方法です。この他、調査対象をくじで選び出す方法などもあります。しかし、現実として、完全に無作為な標本抽出を行うことは困難であり、以下の方法が使用されてい

ます。

　層化抽出法は、母集団をあらかじめいくつかの層（グループ）に分けておき、各層の中から必要な数の調査対象を無作為に抽出する方法です。この方法には、母集団と抽出した標本の中の構成情報を比較して、標本に偏りがあるかを確認することができたり、母集団の推測の精度が高まったり、各層において分布が大きく異なる場合に使用できたりといったメリットがあります。ただし、母集団の構成情報を事前に知っておく必要があり、これには国勢調査などの全数調査結果が用いられます。

　多段抽出法は、母集団をいくつかのグループに分け、そのグループから無作為抽出でさらにいくつかのグループを選び、さらにその中から無作為抽出でいくつかのグループを選ぶということを繰り返し行い、最終的に選ばれたグループの中から調査対象を無作為抽出する方法です。この方法は、抽出の際にコストを低く抑えられること、抽出の効率が高いことがメリットです。しかし、サンプルサイズ[28)]が小さい場合は標本に偏りが生じる可能性があるため、注意が必要です。

　なお、**層化二段無作為抽出法**もあります。これは、層化抽出法を2段階で行う方法であり、例えば、第1段階で全国を地域や都市階級ごとに分類して層を形成し、人口割合にあわせて各層に標本数を配分し、第2段階で住民基本台帳などを利用して、各調査地域に一定数のサンプル抽出を行う方法です。

　クラスター抽出法（集落抽出法）とは、母集団をクラスター（集落）に分割し、分けられたクラスターの中からさらにいくつかのクラスターを無作為抽出し、抽出したクラスターで全数調査を行うという方法です。例えば、学校やクラスなどがクラスターの単位として利用されます。この方法は、クラスターの情報があれば抽出することができるため、時間や手間が省けるといったメリットがあります。しかし、同じクラスターに属する調査対象は類似した性質を持つことが多く、標本に偏りが生じる可能性があります。

　系統抽出法とは、通し番号を付けた名簿を作成し、1番目の調査対象を無作

---

28) サンプルサイズ（sample size）とは、標本の大きさを言います。例えば、人に対して調査する場合、母集団から抽出した標本に含まれる人数がサンプルサイズです。

図4-1　調査票の例

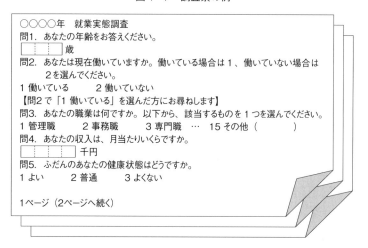

○○○○年　就業実態調査
問1．あなたの年齢をお答えください。
　□□□□歳
問2．あなたは現在働いていますか。働いている場合は1、働いていない場合は
　　2を選んでください。
1 働いている　　　2 働いていない
【問2で「1 働いている」を選んだ方にお尋ねします】
問3．あなたの職業は何ですか。以下から、該当するものを1つ選んでください。
1 管理職　　2 事務職　　　3 専門職　…　15 その他（　　　　）
問4．あなたの収入は、月当たりいくらですか。
　□□□□□千円
問5．ふだんのあなたの健康状態はどうですか。
1 よい　　　2 普通　　　3 よくない

1ページ（2ページへ続く）

為に選び出し、2番目以降の調査対象を一定の間隔で抽出する方法です。単純
無作為抽出法より時間、手間、コストがかからないというメリットがありま
す。一方、名簿の並び順に何らかの規則性があると標本に偏りが生じる可能性
があります。

(3) 調査票作成と質問の形式

　調査対象に対してアンケートをするにあたり、どのような調査票を設計する
かが、回収率や分析方法に大きな影響を及ぼします。以下では、アンケートの
作成、実施において知っておくと役に立つ、調査票の作成と質問の形式につい
て説明します。

　実際にアンケートをする際に、どのような調査票を作成すれば、分析が可能
になるのでしょうか。質問には、YES/NO の二択で回答するものや、大 / 中 /
小などのように選択肢が三択以上のもの、数値を直接答えるものなどがありま
す。実際、これら質問への回答を変数という分析しやすい形式に直して、分析
を行います。図4-1の調査票を例に、分析に使用する変数について紹介しま
す。

　変数には、大きく分けて、量的変数と質的変数があります。**量的変数**

（quantitative variable）は、数や量で測れる変数のことであり、四則演算をすることができるという特徴があります。量的変数には、比例尺度と間隔尺度があります。**比例尺度**は、月収が2倍や2分の1といった数値の比を明らかにするために用いられます。**間隔尺度**は、1歳高い/低いといった数値の大小を明らかにし、かつ数値の差を示すことに用いられます。

　扱う変数が量的変数の場合、離散変数（discrete variable）と連続変数（continuous variable）に分類できます。**離散変数**はとりうる値が飛び飛びになっている変数、**連続変数**は連続的な値をとる変数のことで、小数点以下どこまでも細かくして記載することが可能なものです。なお、数値が飛び飛びでも、とりうる値が多い場合は連続変数として扱うこともあります。

　質的変数（qualitative variable）とは、就業の有無、職業など、数や量で測れない変数のことです。このうち、「働いている」/「働いていない」のように二択のうち1つを選ぶ形式の場合、「働いている」を1、「働いていない」を0の値にした変数を二値変数（二項変数）または**ダミー変数**と言います。また、「よい」、「普通」、「よくない」のように選択肢が三択以上のものの場合、「よい」を3、「普通」を2、「よくない」を1などの値に変換した変数を**カテゴリー変数**と言います。質的変数は、単に分類する目的で名称の代わりに用いられる**名義尺度**と、順序や大小には意味があるが間隔には意味がない**順序（順位）尺度**で表されます。

　表4-3には、上記で説明した変数ごとに見た質問の形式と統計的処理の仕方、回帰分析の方法を示しています。

　調査への回答方法は、番号を選択したり、具体的な数値を回答したりする形式がほとんどですが、名称や文章を回答する記述式もあります。記述式の例として、職業などで選択肢にない、その他にあたる職業への回答を行う場合に直接記入する場合などがあります。

　アンケート調査を実施する際に気をつけなければならないこととして、以下の2つが挙げられます。些細なことではありますが、調査を受ける側が混乱し、貴重な回答が無効となり、無駄になってしまうことを防ぐために必要なことです。

　1つは、質問への回答が選択式になっていた場合、必ずいずれかの回答に該

表 4-3　質問の形式と統計的処理の仕方、回帰分析の方法

変数名	二値変数 （ダミー変数）	カテゴリー変数	順序変数	連続変数
質問形式例	2 つの選択肢から 1 つを選ぶ質問 【例】あなたは現在働いていますか。働いている場合は 1、働いていない場合は 2 を選んでください。 1 働いている 2 働いていない	複数の選択肢から 1 つを選ぶ質問 【例】あなたの職業は何ですか。以下から該当するものを 1 つを選んでください。 1 管理職 2 事務職 3 専門職 … 15 その他（　）	順序のある選択肢から 1 つを選ぶ質問 【例】ふだんのあなたの健康状態はどうですか。 1 よい 2 普通 3 よくない	数値を回答する質問 【例】あなたの収入は、月当たりいくらですか。 千円
例	就業選択（働く／働かない）、結婚選択（結婚する／結婚しない）など	職業（管理職、事務職、専門職など）、業種（農林水産業、製造業、卸売・小売業など）の選択など	健康度（健康〜不健康）、幸福度（幸せ〜不幸せ）、生活満足度（満足〜不満足）など	年収、国内総生産（GDP）など
統計的処理の仕方	度数分布表 クロス集計 度数 割合 百分率（%）	度数分布表 クロス集計 度数 割合 百分率（%）	度数分布表 クロス集計 度数 割合 百分率（%）	平均値、中央値、最頻値 分散、標準偏差 散布図
当該変数を被説明変数にした場合の回帰分析の方法	プロビットモデル ロジットモデル 線形確率モデル	多項ロジットモデル	順序ロジットモデル	最小二乗法

当する選択肢を用意しておかなければならないことです。これは、もし選択肢の中に回答したい選択肢がなかった場合、どう回答すればよいのかわからないためにあえて回答しなかったのか（無回答）、事前に用意していた選択肢のいずれにも該当しなかったために回答しなかったのか（非該当）を判別できないためです。これには、「わからない」や「いずれでもない」といった選択肢を用意し、分析の際に対処できるようにすることが必要です。

　もう1つは、選択肢の中から選んで回答する形式では、選択肢の中から1つ
を回答する単回答なのか、2つ以上を回答する複数回答なのかを、質問時に明
示しなければならないことです。

⑷ 調査票回収状況の確認

　調査対象の抽出はランダムに行われているとしても、実際に調査を行った結
果、回答に偏りが生じるということもありえます。このような場合にも、サン
プルセレクションバイアスの問題が生じるため、対処が必要になります。

　回答に偏りがあるかを確認するためには、得られた回答の割合を確認するこ
とが有効です。**有効回収率（有効回答率）**[29]は、調査実施数に対して回収でき
た回答から、集計に不適正な無回答を除いた割合のことです。有効回答数を調
査実施数で割ることで算出できます。

　これに対し、単に**回収率（回答率）**というのは、調査実施数に対して回収で
きた回答数の割合のことであり、値が高い場合でも分析に利用できない回答が
多く含まれている可能性があることから、一般的には有効回収率が調査概
要[30]で紹介されます。

　調査概要には、回答数や回収率などの情報が記載されており、調査が信頼で
きるものかどうかを判断する際に有効です。例えば、回収率が10％と90％で
は、90％の方が、もともと予定していたランダムサンプリングにより得る標本
を反映していると言え、回答の偏りは少なく、真の値と比べて誤差は小さいと
考えられます。

　なお、たとえ調査対象数を大きく設定し、回答数を増やしたとしても、回収
率が低ければ、結局、部分的にしか調査できていないことになるため、問題が
生じます。回収率を高めるには、何度も調査をお願いするといったことも1つ

29）調査を実施したあとの調査票は、回収票（回収できた調査票）と未回収票（回収でき
　なかった調査票）に分かれます。回収票はさらに、回答が行われている有効票と、回答
　が行われていない無効票に分かれます。
30）調査概要には、調査対象、調査対象数、回答者数、回収率、回答者の属性などの情報
　が記載されています。すでに実施された調査データのうち、利用したいものがある場合
　には、まず調査概要を確認し、分析を達成するうえで有益かどうかを判断します。

表 4 - 4　パネルデータの回答状況の例

年	2020年 （wave 1）	2021年 （wave 2）	2022年 （wave 3）	…
調査対象数	3000	2610	2400	…
有効回収数	2600	2590	2320	…
有効回収率(%)	86.7	99.2	96.7	…
継続回収数	調査初年度の ため、なし	2610	2360	…
継続回収率(%)		99.2	98.3	…

注）実際の調査において、調査に再度復帰する場合もある。その場合は、継続調
　査対象数および継続回収率には含めない。

の方法ですが、回答しやすいように質問数を少なくしたり、質問に答えやすい
ように調査票を設計したりするなどの工夫が必要になります。

　パネルデータのような追跡調査を行う場合、同じ調査対象が異なる時点の調
査に続けて回答している割合を示す**継続回収率（継続回答率）**を調査概要に記
載する場合もあります。パネルデータは同一の調査対象を追跡して調査するこ
とから、途中で調査から脱落してしまうことがあります。この脱落の仕方がラ
ンダムでない場合、サンプルにバイアスが生じるため、継続して調査に協力し
てくれている調査対象がどのくらいいるのかを確認する必要があります。

　表 4 - 4 には、パネルデータの回答状況の例を示しています。2020年から開
始された調査の結果を見ると、2020年の有効回収率は86.7%（＝有効回収数÷
調査対象数＝2600÷3000）となっています。その後、2021年には99.2%、2022
年には96.7%というように有効回収率は上下しながら動いています。また、継
続回収率を見ると、2020年から2021年にわたる値は99.2%（＝有効回収数÷継
続回収数＝2590÷2610）、98.3%というように推移しています。調査対象数、
有効回収数、継続回収数を見ると、年々少なくなっており、サンプルが摩耗し
ていることがわかります。また、継続回収数を見ると、継続して調査に協力す
るサンプルは年々少なくなっており、2020年から2021年の変化を見たい場合は
最大2610、2020年から2022年までの変化を見たい場合は最大2360のサンプルサ
イズを確保できます。継続調査においては、サンプル脱落の問題がしばしば見
られることから、長期にわたる変化を見たい場合には、こうしたデータの摩耗

に対処する必要があります。

参考文献

阿部修人・稲倉典子・遠田敏生・外木暁幸（2016）「POS データからみた生計費指数と物価指数」照山博司・細野薫・松島斉・松村敏弘〔編〕『現代経済学の潮流2016』東洋経済新報社、139-163頁。

阿部修人・外木暁幸・渡辺努（2008）「企業出荷価格の粘着性：アンケートと POS データに基づく分析」『経済研究』第59巻第4号、305-316頁。

石田基広（2017）『R によるテキストマイニング入門（第2版）』森北出版株式会社。

石村貞夫・劉晨・玉村千治（2009）『Excel でやさしく学ぶ産業連関分析』日本評論社。

井出眞弘（2003）『Excel による産業連関分析入門：VBA のプログラミング手法をモデル構築で解説』産業能率大学出版部。

大場亨（2019）『ArcGIS 10で地域分析入門』成文堂。

北村行伸（2005）『パネルデータ分析』一橋大学経済研究叢書、岩波書店。

西條辰義・清水和巳〔編著〕（2014）『実験が切り開く21世紀の社会科学』勁草書房。

坂本和靖（2003）「誰が脱落するのか：『消費生活に関するパネル調査』における脱落サンプルの分析」財団法人家計経済研究所〔編〕『家計・仕事・暮らしと女性の現在（平成15年版）：消費生活に関するパネル調査（第10年度）』国立出版局、123-136頁。

坂本和靖（2006）「サンプル脱落に関する分析：『消費生活に関するパネル調査』を用いた脱落の規定要因と推計バイアスの検証」『日本労働研究雑誌』No.551、55-70頁。

佐藤郁哉（2002）『フィールドワークの技法：問いを育てる、仮説をきたえる』新曜社。

佐藤郁哉（2006）『フィールドワーク：書を持って街へ出よう（増訂版）』新曜社。

佐藤郁哉（2015）『社会調査の考え方（下）』東京大学出版会。

末吉美喜（2019）『テキストマイニング入門：Excel と KH Coder でわかるデータ分析』オーム社。

セイラー、リチャード・サンスティーン、キャス（2009）『実践 行動経済学』遠藤真美〔訳〕、日経 BP。

田辺俊介（2012）「『東大社研・若年壮年パネル調査』の標本脱落に関する分析：脱落前年の情報を用いた要因分析」東京大学社会科学研究所パネル調査プロジェクトディスカッションペーパーシリーズ、No.56。

筒井義郎・佐々木俊一郎・山根承子・マルデワ、グレッグ（2017）『行動経済学入門』東洋経済新報社。

土居英二・浅利一郎・中野親德（2019）『はじめよう地域産業連関分析（改訂版）：Excel で初歩から実践まで（基礎編）』日本評論社。

直井道生（2007）「家計の住居移動行動とサンプル脱落」KUMQRP Discussion Paper Series、DP2006-030。

中室牧子・津川友介（2017）『「原因と結果」の経済学：データから真実を見抜く思考法』ダイヤモンド社。

橋本雄一〔編〕（2019）『GIS と地理空間情報：ArcGIS 10.7と ArcGIS Pro2.3の活用（五訂版）』古今書院。

樋口耕一（2020）『社会調査のための計量テキスト分析：内容分析の継承と発展を目指して（第2版）』ナカニシヤ出版。

福井武弘（2013）『標本調査の理論と実際』日本統計協会。

藤田結子・北村文〔編〕（2013）『現代エスノグラフィー：新しいフィールドワークの理論と実践』新曜社。

本藤貴康・奥島晶子（2015）『ID-POS マーケティング：顧客 ID 付き購買データで商品・ブランド・売り場を伸ばす』英治出版。

前田忠彦（2005）「郵送調査法の特徴に関する一研究：面接調査法との比較を中心として」『統計数理』第53巻第1号、57-81頁。

宮内環・C. R. McKenzie・木村正一（2006）「パネルデータ継続と回答行動の分析」樋口美雄・慶應義塾大学経商連携21世紀 COE〔編〕『日本の家計行動のダイナミズム［II］：税制改革と家計の対応』慶應義塾大学出版会、9-52頁。

三輪哲（2008）「働き方とライフスタルの変化に関する全国調査2007における標本特性と欠票についての基礎分析」東京大学社会科学研究所パネル調査プロジェクトディスカッションペーパーシリーズ、No.10。

村上あかね（2003）「なぜ脱落したのか：『消費生活に関するパネル調査』における脱落理由の分析」財団法人家計経済研究所〔編〕『家計・仕事・暮らしと女性の現在（平成15年版）：消費生活に関するパネル調査（第10年度）』国立出版局、115-121頁。

森田果（2014）『実証分析入門：データから「因果関係」を読み解く作法』日本評論社。

Lillard, L. A. and C. W. A. Panis（1998）"Panel Attrition from the Panel Study of Income Dynamics: Household Income, Marital Status, and Mortality," *Journal of Human Resources*, 33 (2), pp.437-457.

Silge, J. and D. Robinson（2018）『R によるテキストマイニング：tidytext を活用したデータ分析と可視化の基礎』大橋真也〔監訳〕、オライリー・ジャパン。

Tourangeau, R., F. G. Conrad., and M. P. Couper（2019）『ウェブ調査の科学：調査計画から分析まで』大隅昇・鳰真紀子・井田潤治・小野裕亮〔訳〕、朝倉書店。

第5章 データの利用方法

5.1 データの組み合わせ・加工イメージ

　データを入手し、いよいよデータを用いて分析を開始する段階になったら、まずデータの特徴を大まかに確認すると、分析の道筋が立てやすいでしょう。例えば、データの中心はどこか、散らばり方はどうなっているのかといった、データの分布を調べることは、分析の結果を判断するうえで役に立ちます。また、分布を見ることで、他のデータと比べて同じ傾向や異なる傾向も見つかり、入手したデータを扱ううえでの注意すべき事柄も把握できます。

　ここでは、データの分布を調べる方法として、度数分布表とヒストグラムを紹介したあと、簡単な記述統計（平均値、標準偏差、最大値、最小値など）の作成の仕方、見方を紹介します[1]。第4章で、データには種類があり、私たちはそれを変数として扱い、分析に用いることを述べました。ここでは、量的変数を扱ったケースを主に見ていきます。

1）統計学については、鳥居（1994）、小島（2006）、大屋・各務（2012）、森棟（2012）、白砂（2015）、森棟他（2015）、涌井・涌井（2015）、大屋（2020）などを参照してください。ここに挙げたものは、演習できるように問題や具体例が掲載されています。説明の仕方がコンパクトにまとまっているものから、網羅的なものまで多様であることから、自身で直接比較して最適なものを選んでください。

表5-1 度数分布表の例

階級 （単位：万円）	階級値	度数	相対度数	累積度数	累積相対 度数
0 以上200未満	100	100	0.022	—	—
200以上400未満	300	360	0.08	460	0.102
400以上600未満	500	695	0.154	1155	0.257
⋮	⋮	⋮	⋮	⋮	⋮
合計	—	4500	1	—	—

度数分布表

　度数分布表（frequency distribution table）は、階級別データを表形式で示したものです。階級別データとは、データが入力されて以降、一切加工されていない**生データ**（未加工データ：raw data）を、データを分割する範囲（**階級：class**）とデータの個数（**度数：frequency**、頻度とも言う）に直したものです。

　表5-1には階級別データを用いた度数分布表の例を示しています。ここで、**階級値**（中点）は階級の中心の値です。**相対度数**は、各階級の度数を度数の合計（サンプルサイズ）で割った値であり、合計すると1になります。**累積度数**は度数を階級が上がるごとに合計していった値、**累積相対度数**は相対度数を階級が上がるごとに合計していった値であり、累積度数と累積相対度数は、最後の階級を足し合わせると、それぞれ度数の合計、相対度数の合計に等しくなります。例えば、200以上400未満の階級の相対度数は、$360 \div 4500 = 0.08$、累積度数は、$100 + 360 = 460$、累積相対度数は、$0.022 + 0.08 = 0.102$というように計算しています。

　なお、データにはフローとストックという概念があります。フローは一定期間内に生じたデータ、ストックはフローが蓄積したデータです。例えば、所得がフロー、所得を貯めていった資産がストックに該当します。度数分布表にある度数や相対度数はフロー、累積度数や累積相対度数はストックに該当します。

図 5 - 1　ヒストグラムの例

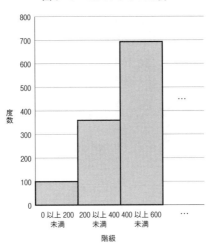

ヒストグラム

　ヒストグラム（histogram）は、度数分布表を図にして視覚化したもので、横軸に階級、縦軸に度数をとり、度数分布の状態を四角形の棒で表し、その棒が等間隔に並ぶグラフ（棒状グラフ）です（図 5 - 1）。ヒストグラムを見れば、どの階級に度数が集中しているのか、分布が左右対称なのか、それとも左右どちらに偏っているのか、分布の山は突き出て急なのか、それとも緩やかなのか[2]が一目瞭然であり、分布を把握するうえで役に立ちます。

基本統計量：データの中心と散らばり

　データの分布を把握する指標は、他にも平均値や標準偏差などがあります。度数分布表やヒストグラムでは、統計を理解していない者でも、データの中心

　2）分布の歪みを知る指標には歪度、分布の山の尖り具合や裾の広さ具合を知る指標には尖度があります。これらは、正規分布（平均値〔中央値、最頻値〕を中心に左右対称の分布）と比較した際に、どのくらい乖離しているかを表しており、両方とも 0 の値のときは正規分布と等しいことを示しています。なお、歪度はマイナスの値の場合に右に偏った分布、プラスの値の場合に左に偏った分布をしています。尖度は、マイナスの値の場合に山が尖っておらず裾が広い分布、プラスの値の場合に山が尖っていて裾が狭い分布をしています。

や散らばりがどうなっているのかを感覚で把握することができるといったメリットがあります。しかし、データによっては、同じ中心や散らばりを意味する統計値であっても、データに見合った加工をしなければならないケースもあります。ここでは、データの中心と散らばりを示す統計値について紹介します。そのあと、それらをまとめた基本統計量について説明します。

(1) データの中心

平均値（average）は、**算術平均**（相加平均：arithmetic mean）とも言い、全データの総和をデータの個数で割った値のことです。長所は、①すべてのデータを使用するので、データの持つ情報が有効に使えること、平均値はいつも1つだけ存在する（複数求まることはない）こと、②計算が簡単で、意味が明確であること、③数学的に扱いやすく、標準偏差など、多くの統計学の公式の中で用いられることが挙げられます。短所は、極端に大きい値や小さい値といった**外れ値**（outlier）の影響を強く受けることです。ちなみに、同じ平均値でも、量的データ（連続変数）の平均値と質的データ（ダミー変数）の平均値の意味は異なります。量的データ（連続変数）の場合は、まさしくデータの中心を示すことになりますが、質的データの平均値の場合は、1の値をとるケースの割合を示すため、注意が必要です。

中央値（median）は、**中位数**とも言い、全データを小さい値から大きい値の順に並べたときに真ん中に位置する値です。極端に高いまたは低い値（異常値）をとるデータがある場合、平均値がその影響を強く受けるのに対し、中央値は異常値に引っ張られないといった長所があります。

最頻値（mode）は、**並数**とも言い、データの分布が最も多い階級の値のことです。データが特定の階級に集中しているとき、データの分布に極端な偏りがあるとき、最頻値が適しています。

(2) データの散らばり

分散（variance）は、個々のデータの値から平均値を引いたものを2乗し合計したもの（偏差二乗和）を、サンプルサイズ n から1を引いた自由度[3]（$n-1$）で割ったものです。

　標準偏差（standard deviation）は、分散の正の平方根をとった値です。分散は、計算の過程で2乗しているため、データの単位も2乗されてしまうことから、単位を元に戻すために平方根をとっています。標準偏差の長所は、①散らばりの指標の中で、最もよく用いられていること、②すべてのデータ（情報）が使用されていること、③元のデータと同じ単位が付くこと、④数学的に扱いやすく、統計理論上さらに進んだ分析につながること、⑤データがほぼ左右対称な分布であるとき、ある一定の範囲に含まれるデータの割合を知ることができることが挙げられます。短所は、①外れ値の影響を受けること、②データの分布が極端に歪んでいる場合、散らばりの指標として不適切であることが挙げられます。

⑶ 基本統計量

　基本統計量（記述統計量：descriptive statistics）は、サンプルサイズ、平均値、標準偏差などのデータに見られる傾向や特徴をまとめたものです。表5-2には、基本統計量の例を示しています。

　第4章で紹介した標本は、母集団の一部を抽出したデータ群であることを紹介しましたが、標本は母集団のどの部分を抽出するか次第で何パターンも抽出することが可能です。そのため、母集団は1つであるのに対し、標本はいくつも存在します。ここで、間違えやすいサンプルサイズとサンプル数（標本数）

　3）データが全数調査によるものであれば、そのデータは母集団であり、調査対象の数 n で割っても問題ありません。しかし、一般に、すべての調査対象に対し調査を実施することは困難であり、多くの場合、母集団の一部を抽出した標本調査であることから、標本に対して扱う処理を行うこととし、ここでは自由度 $n-1$ で割っています。なお、自由度とは、自由に値をとれる数のことを言います。自由度は必ず $n-1$ というわけではなく、求める統計量によって求め方が異なります（例えば、t 検定やカイ二乗検定など）。自由度が必要になった場合は、適宜確認してみるといいでしょう。なお、今回の場合、なぜ1を引くかというと、標本分散の計算の際に、母集団の平均（母平均と言う）ではなく、標本の平均（標本平均）を代わりに使用することによって、データ1つ分の情報量が失われてしまうからです。標本平均が先に決まっていると、それを構成する各値は、1つを除いて自由に値をとることができますが、最後の1つは標本平均とその他の値が決まっているため、とりうる値が自動的に決まってしまいます。このことから、1つを除いて、他のデータは自由に値をとることができるため、自由度に $n-1$ が使われているのです。

表 5-2　基本統計量の例

変数名	サンプルサイズ	平均値	標準偏差	最小値	最大値
変数A	○○	○○	○○	0	1
変数B	○○○	○○	○○	0	962
変数C	○○○	○○	○○	1	5
変数D	○○	○○	○○	-34	58

について触れておきます。**サンプルサイズ**（sample size）は、1つの標本の大きさ、1つの標本を構成する調査対象の数のことです。一方、**サンプル数**（number of samples）は、いくつもある標本を合計したものです。例えば、47都道府県から100人ずつ選び出して調査を行い、データを収集した場合、サンプル数は47、サンプルサイズは各都道府県で100ずつです。

　表5-2の変数Aのような0と1で構成されているダミー変数については、平均値は1が割り振られたケースの割合を示します。例えば、就業ダミー（就業していれば1、就業していなければ0の値をとるダミー変数）の平均値が0.6であれば、就業している割合が6割（60%）、就業していない割合が4割（40%）であることを示しています。

　なお、パーセントの差を、パーセントポイントと言います（単にポイントとも言います）。例えば、10%から40%に増えた場合、「30パーセントポイントの増加」と言います。この理由として、「30%の増加」と言ってしまうと、40%（＝10%＋30%）へ増加したのか、13%（＝10%×1.3）へ増加したのかわからないためです。

　基本統計量を作成することは、扱うデータがきちんと加工できたかどうかを確認することにも有用です。例えば、ダミー変数の場合、必ず最小値は0、最大値は1になりますが、これらの値になっていない場合は、加工のうえで何かしらミスがあることを示しています。これは、連続変数やカテゴリー変数を扱う際にも同様です。表5-2において、変数Bのようなマイナスの値をとらない所得などの変数や、変数Cのような1から5までといった特定の範囲でしか値をとらないはずの幸福度などの変数の場合に、想定外の値が表示されてい

表5-3　クロス表と単純集計表の例

	合計	満足している	どちらとも言えない	満足していない
全体	2503 100.0%	27.0%	46.0%	27.0%
10代	202 100.0%	27.0%	46.0%	27.0%
20代	310 100.0%	29.0%	45.0%	26.0%
⋮	⋮	⋮	⋮	⋮

単純集計

るということもあります。このようなことは、特に他からデータを提供された際に、無回答などの値をそのまま放置した場合に生じやすいため、データ分析を始めて日が浅いときには気をつけたほうがよいでしょう。

クロス表

　収集したデータについて、質問項目を2つ以上掛け合わせて集計する手法（**クロス集計**）により作成された表を**クロス表**（**クロス集計表**：cross-tabulation table）と言います。質問項目を1つの表の表頭（横側）と表側（縦側）に分け、それぞれのカテゴリー（選択肢）が交わるセルに、表頭と表側の両方に該当する回答数やその回答比率を記載します。

　なお、**単純集計表**は、1つの質問ごとに回答数やその回答率、平均値などを集計する手法（**単純集計**：grand total）により作成された表を言います。表5-3にあるように、単純集計は質問の全回答の値（代表値）を指し、クロス集計は全回答のうち、10代などのようにカテゴリーごとの値を集計しています。

散布図

　散布図は、2つのデータのうち、一方が変化すれば他方も変化するような関係とその関係性の強さ（相関関係）を図にプロットしたものです（図5-2参

図 5-2　散布図の例

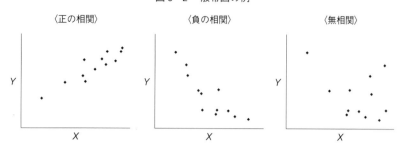

照）。**相関係数**（correlation coefficient）は、2つの変数の相関の強さを表す指標です。－1以上1以下の値をとり、以下の3パターンによって2つの変数の関係性を捉えることができます。

〔**正の相関**〕 2つの変数のうち、一方の変数が増加（減少）すると、もう一方の変数も増加（減少）するといった同じ動きをする傾向が見られる場合、相関係数は0から1の値をとります。散布図は右上がりになります。

〔**負の相関**〕 2つの変数のうち、一方の変数が増加（減少）すると、もう一方の変数は減少（増加）するといった反対の動きをする傾向が見られる場合、相関係数は－1から0の値をとります。散布図は右下がりになります。

〔**無相関**〕 正の相関と負の相関のどちらにも該当しない場合、相関係数は0の値をとります。散布図は右上がりと右下がりのどちらにもなりません。

　この他、目で見て傾向が読みとることが可能な、折れ線グラフ、円グラフや棒グラフなどもあります。どの図表を用いれば自分の伝えたい内容を的確に相手に伝えられるかを考えて、作成する図表を選択することが大切です。

5.2　マクロデータでよく用いられる統計指標

　ここでは、マクロデータを用いる際に利用頻度の高い統計指標を紹介します。マクロデータは、国や自治体など、世帯や企業といった個々の調査対象をまとめたグループに関する特徴を示すデータです。マクロデータは、個々の調

査対象をあわせたものであることから、その構成がどのようになっているのか
を見ること、また、長年にわたって調査されていることが多いことから、調査
対象の異時点間における変化を見ることなどが可能です。なお、ここで紹介す
る統計指標は、ミクロデータやパネルデータなどでも、作成するための条件が
満たされていれば作成可能です。

構成比

　構成比は、多種多様な項目（ここでは、項目の種類を i と置いて説明に使
用。以下同様）が合わさって作られている内訳の構成比を百分率（％）で示し
た比率のことです。なお、構成比の合計は100％になります。構成比は、円グ
ラフや帯グラフに加工されて用いられることもあります。

$$構成比(\%) = \frac{今期の項目\,i\,の値}{今期の全項目の合計値} \times 100 \qquad (5\text{-}1)$$

前期比増減率

　前期比増減率は、前期に対する今期の増減の割合のことであり、**増減率**、**変
化率**、**増加率**、**上昇率**など、様々な呼び方がされています。前期比増減率は、
経済成長率やインフレ率などに用いられています。

$$前期比増減率(\%) = \frac{今期の項目\,i\,の値-前期の項目\,i\,の値}{前期の項目\,i\,の値} \times 100 \quad (5\text{-}2)$$

寄与度・寄与率

　寄与度は、データ全体の変化に対して、その構成要素である個々のデータの
変化がどの程度（何パーセントポイント）影響を与えているのかを示す指標の
ことです。個々の寄与度をすべて足すと、全体の前期比増減率に一致します。
例えば、国内総生産（Gross Domestic Product：GDP）を構成する消費、投資、
政府支出、輸出、輸入の各影響を見る際や、人口成長率における各年齢階級の
影響を見る際などに、寄与度が用いられます。

$$項目 i の寄与度(\%) = \frac{今期の項目 i の値 - 前期の項目 i の値}{前期の全項目の合計値} \times 100 \quad (5\text{-}3)$$

　また、**寄与率**は、寄与度を構成比の視点から見た指標で、データ全体として
の増減を100としたときの各構成要素の増減分を百分率（％）で表します。な
お、寄与率の合計は100％になります。

$$項目 i の寄与率(\%) = \frac{今期の項目 i の値 - 前期の項目 i の値}{今期の全項目の合計値 - 前期の全項目の合計値} \times 100$$
$$(5\text{-}4)$$

　寄与度が、全体の前期比増減率に対する個々のデータの変化の影響の大きさ
（インパクト）を示すのに対し、寄与率は、全体の前期比増減率を100％に換算
した場合に、個々のデータの変化のインパクトが何％占めるかを示していま
す。必要に応じて、使い分けるとよいでしょう。

指数

　指数は、ある基準値に対して、比較値を比の形で表す指標のことです。一般
的に、基準を100として、その大きさを相対的に表し、100を上回ると基準値よ
りも高いこと、100を下回ると基準値よりも低いことを示します。物価、賃金、
生産高などは日々変化しますが、同じものを異時点間で比較する際に、指数が
用いられます。例えば、物価指数は、財の組み合わせ（財のバスケット）に関
して、財の価格を加重平均[4]したものです。物価指数は、個別の財ではなく、
財のグループ、国全体の価格変動を把握することに用いられます。また、名目
額から実質額を計算する際にも、物価指数は用いられます。
　指数には、個別指数と総合化指数があります。**個別指数**は個々の項目の数量
または価格の動きを表す指数、**総合化指数**は個別指数を統合したものの動きを
表す指数です。総合化指数は、加重平均を求めることにより得られます。

---

[4] 加重平均とは、各データに重み（ウェイト）付けをして計算する平均値のことです。
異なるデータを用いて平均値を作成する際に、数量に差がある場合には、数量をウェイ
トにして加重平均を計算することにより、過小評価または過大評価されることを防ぐこ
とができます。

$$個別指数(\%) = \frac{比較時の項目\,i\,の値}{基準時の項目\,i\,の値} \times 100 \tag{5-5}$$

$$総合化指数(\%) = \sum (項目\,i\,の個別指数 \times 項目\,i\,のウェイト) \tag{5-6}$$

　総合化指数には、ラスパイレス型物価指数やパーシェ型物価指数があります。**ラスパイレス型物価指数**は、ウェイトを基準年実績で固定した物価指数であり、総務省の消費者物価指数（Consumer Price Index：CPI）、日本銀行の企業物価指数（Corporate Goods Price Index：CGPI）などがあります。**パーシェ型物価指数**は、ウェイトを比較年実績で固定した物価指数であり、GDP デフレーターなどがあります。

5.3　データの維持管理：データベースの構築

　分析をするうえで、データベースを構築し、データを管理することができれば分析を効率よく行うことができます。ただし、分析において最も骨が折れるにもかかわらず、地味な作業が続くのがデータ構築です。ここでつまずくことも多いのではないでしょうか。

　データベースの構築は、扱う分析手法によって異なります。以下では、時系列データ、横断面データ、パネルデータのデータ構造について説明した後、分析前のデータ処理について紹介します。

データベースの作り方

　データを入手したら、分析しやすいようにデータベースを構築します。**データベース**（database）とは、関連するデータを集め、使いやすいように加工し整理した情報の集合体です。私たちは、データベースを構築することにより、データを入力し、出力することが容易になり、作業効率も向上します。

　データベースを構築することは、①複数のデータをまとめて管理することができる、②膨大なデータの中から目的とするデータを簡単に検索することができる、③複数のデータを用いて一度に分析、加工といった処理をすることができる、などのメリットがあります。

データベースを紙で管理することも考えられますが、データが膨大になると管理が難しくなります。そこで、コンピュータ上でのデータベース管理システムを使うことが一般的になっています。パソコンなどを用いることで、大量のデータを自動で処理できるようになります。データを処理する際に、同じ作業を繰り返し行うことは少なくありません。それをコマンド1つで行ってくれるなど、データベース管理システムは便利な機能を有しています。データベース管理システムには、例えば、Microsoft Excel があります。その他、R、Stata、EViews など多様にあり、分析特化型のソフトウェアでは、繰り返し同じ作業をする必要がある場合には、プログラムを作成することで、作業を簡略化できるようになっているものもあります。

　続いて、分析方法に即したデータベースの構築の仕方を説明します。ここでは、時系列データ、横断面データ、パネルデータのデータベース構築について扱います。

(1) 時系列データの構築

　時系列データは、表5-4のように、異なる調査時期が縦に並んでいるデータを指します。識別番号がすべて1であるということは同じ調査対象の回答、調査時期が異なるということは異なる調査時期の回答であることを示しています。なお、通常はすべて同じ調査対象について追跡して調査しているため、識別番号は省略されています。

(2) 横断面データの構築

　横断面データは、表5-5のように、異なる調査対象識別番号が縦に並んでいるデータを指します。調査時期がすべて2020であるということは同じ調査時期の回答、識別番号が異なるということは異なる識別番号の回答であることを示しています。なお、通常はすべて同じ調査時期について追跡して調査しているため、調査時期は省略されています。

(3) パネルデータの構築

　パネルデータは、表5-6のように、同じ識別番号が異なる調査時期に複数

表5-4　時系列データの構築例

識別番号	調査時期	変数1	変数2	変数3	変数4
1	2020	○○	○○	○○	○○
1	2021	○○	○○	○○	○○
1	2022	○○	○○	○○	○○
1	2023	○○	○○	○○	○○
1	2024	○○	○○	○○	○○
1	2025	○○	○○	○○	○○
1	2026	○○	○○	○○	○○

表5-5　横断面データの構築例

識別番号	調査時期	変数1	変数2	変数3	変数4
1	2020	○○	○○	○○	○○
2	2020	○○	○○	○○	○○
3	2020	○○	○○	○○	○○
4	2020	○○	○○	○○	○○
5	2020	○○	○○	○○	○○
6	2020	○○	○○	○○	○○
7	2020	○○	○○	○○	○○

回にわたって並んでいるデータを指します。例えば、識別番号が1の場合、調査時期が2020、2021、2022とあり、識別番号が1の調査対象は2020、2021、2022の調査時期に回答していることを示しています。なお、パネルデータには、**バランス・パネルデータ**（balanced panel data）と**アンバランス・パネルデータ**（unbalanced panel data）があります。バランス・パネルデータは同じ調査時期、同じ調査期間にわたって調査対象が回答しているデータであり、繰り返し出てくる識別番号を識別番号ごとに合計していくとすべて同じ数になります。なお、アンバランス・パネルデータ[5]は、調査時期、調査期間が識別番号ごとに異なっているデータです。表5-6では、アンバランス・パネルデータの例を示しています。

表5-6　パネルデータの構築例（アンバランス・パネルデータの例）

識別番号	調査時期	変数1	変数2	変数3	変数4
1	2020	○○	○○	○○	○○
1	2021	○○	○○	○○	○○
1	2022	○○	○○	○○	○○
2	2020	○○	○○	○○	○○
2	2021	○○	○○	○○	○○
3	2021	○○	○○	○○	○○
⋮	2020	○○	○○	○○	○○

5.4　分析前のデータ処理

　データを入手したら、すぐに分析に移れるかというとそうではありません。ここでは、分析前のデータ処理方法について紹介します。分析前のデータ処理については、以下の手順を踏むことが多いです。

① 変数名を付ける[6]
② ラベリング
③ コーディング
④ クリーニング
⑤ 複数データの接続
⑥ 単位の変換

　アンケート調査を実施した場合、調査票の回答内容を入力できるよう、変数名の付与から始まり、回答内容を数字に置き換えて入力し、分析しやすいよう

5）アンバランス・パネルデータになる理由として、サンプル脱落（sample attrition）が挙げられます。これは、長期間の調査を行うなかで、調査が途中で中断してしまうために生じる問題です。中断の理由には、例えば、転居、倒産、合併、入院、死亡などがあります。
6）提供データの場合、すでに変数名が付いている場合もありますが、自分にとってわかりやすい変数名に付け替えると分析がしやすいです。

に変数の内容に関する情報を変数名に付ける**ラベリング**（labeling）といった作業が必要です。変数名を付けただけでは、何のデータかどうか、値が何を意味するのかわからない場合があります。例えば、ダミー変数なのか、カテゴリー変数なら各値が何を意味するのかなどの情報を付け加えることで、分析のたびにわざわざ調査票に戻ってどのような変数かを確認するなどの手間を省くことができます。このため、ラベリングを行うことは、分析を効率よく行ううえで大切な作業です。

　個々の回答に対して、集計のため数値を与えることを**コーディング**（coding）と呼びます。このため、あらかじめ調査票に記載する選択肢に数値を振っておくと、データを入力する際に便利です。また、コーディングの方法を整理したものを**コードブック**（code book）と呼びます。コーディングの際には、無効な回答などに対する処理も行います。これについては、このあとの「特殊なケースへの対応」で詳しく説明します。

　さらに、データを**クリーニング**（data cleaning）する必要もあります。クリーニングとは、回収した調査票やその回答を点検、確認し、不適当な調査票があれば除いたり、回答無しや回答の誤りへの対処をしたり、統計ソフトが扱えるファイル形式へ変換したりする処理作業を指します。データの品質が良ければ、分析前のこの手順は時間を掛けず、簡単にできますが、そうでなければひどく時間と手間がかかり、骨の折れる作業になります。なお、利用の少ないデータは、データが扱いづらいなど、いわゆる汚いために利用されていない可能性もあるので、利用を検討する際には、なぜ利用が少ないかを事前に調べておくとよいでしょう。しかし、このようなデータでも、クリーニングをすれば良いデータとなる可能性を秘めており、クリーニングをいかに効率よく行えるかは、研究者の腕の見せ所の1つでもあります。

　複数の異なるデータを接続して利用することもあるでしょう。例えば、パネルデータの場合、異なる調査時期のデータを時間に沿って縦につなげたデータを構築します。また、時系列データや横断面データにおいても、別のデータから異なる変数を追加したい場合、該当する調査時期や調査対象に対して、横につなげたデータを構築する場合もあります。縦につなげることを**アペンド**（append）、横につなげることを**マージ**（merge）と言い、RやStataといった

ソフトウェアには既存のコマンドが搭載されています。データの接続は、手作業でも可能ですが、ミスをする可能性も高いことから、プログラムを作成し、全自動化すると効率よく作業することができます。なお、複数データの接続をしてから、①変数名を付ける、②ラベリング、③コーディング、④クリーニングを行うことも可能です。ただし、接続の際には、同じ変数名、同じ調査対象識別番号、同じ調査時期になっていなければ接続できないため、「①変数名を付ける」の工程で、接続する各データに同じ変数名が付けられているか確認しておく必要があります。

　単位の変換については、例えば、国際比較を行う場合に、通貨単位がそろっていない場合は通貨単位をそろえる必要があります。また、名目値を実質値に直したり、対数値に直したりする作業は、分析前に行っておくと効率よく分析を進められます。

　以下では、個人情報保護に関連して、匿名化について言及したあと、特に気をつける必要がある特殊な値への対処、複数データの接続・統合について説明します。

個人情報を適切に利用するために必要なこと：匿名化

　データを作成・利用する際、特に自分でデータを1から収集、集計した場合、回答者が誰かが明らかにならないように、匿名化を行うことが不可欠です。匿名化とは、調査対象が特定可能な情報を削除または変更することです。

　匿名化の方法として、名前や生年月日、住所など、調査対象が特定可能な情報を削除したり、名前の代わりに識別番号を振ったりするなどして、調査対象の情報を保護することが行われています。

　なお、個人情報を適切に利用するにあたって、データの利用者（ユーザー）の場合とデータの作成者（メーカー）の場合で、匿名化における配慮すべき点は異なります[7]。

　ユーザーの場合、利用するデータがすでに匿名化されていることがほとんど

7）なお、ユーザーとメーカーの両方に該当する場合は、両方の配慮すべき点に気をつけてデータを扱いましょう。

ですが、限られた情報からでも対象者が特定化されることがあります。例えば、クロス集計などの段階においても、規模が大きい企業や世帯などは数が少ないため、業界を絞ったり、地域を絞ったりなどすると、特定が容易になることから、分析結果を公表する際には気をつけましょう。

　一方、メーカーの場合、データを公開する場合は絶対に匿名化をしましょう。その際、氏名を伏せたとしても、上述したように、データを絞ったり、複数の情報を組み合わせたりすると特定化できることは少なくありません。公開するつもりがなくても、データが漏洩したときに備えて、匿名化しておくことが無難です。

特殊なケースへの対応

　分析を行う前に、外れ値、異常値、無回答、非該当、欠損値、重複値などをどのように扱うかは、分析の良し悪しを決める重要な処理の1つです。

　これらに対する処理にあたって、入手したデータにコードブックがあった際には、必ず目を通しましょう。コードブックは、回答の集計において、回答の入力順や、各質問についてどのようなコードを用いるか整理したものであり、たいていは調査票などとともにデータ提供機関からデータが提供された際に一緒に渡されます。コードブックには、無回答や非該当について書かれており、データを加工する際に役立つ情報が充実しています。

　外れ値は、平均値と比べて極端に大きい、または小さい値をとる値です。多くの場合、平均値±標準偏差×3より大きい場合は異常値として、分析から外すなどの措置を講じています。外れ値のうち、回答の誤りや、データ入力の際の誤入力などの理由で、値が著しくかけ離れている場合は、**異常値**と言います。このような極端な値は、所得や資産の額を記述式で直接回答してもらう際に生じやすいです。対処としては、回答方法を選択式にしたり、数値で回答する場合には事前に質問とともに回答欄に必要な桁数分の枠を付けておき、枠内に数値を回答してもらうようにしたりするといった方法が取られます。

　無回答は、回答すべき質問に回答者が回答していない状態を言います。これには、調査を受ける側が質問内容を理解できなかった場合、回答を選択肢の中から選べない場合、そもそも回答したくない場合などが該当します。誕生日や

居住地域、所得など、回答しづらい内容が質問される場合に無回答は生じやすく、誕生日であれば誕生月まで、居住地であれば都道府県や地域までを尋ねたり、所得では○○以上○○未満といったように階級から該当するものを選ぶ形式にしたりするなどして、回答を促すようにするといった措置が取られます。

非該当は、以前の回答内容により質問を分岐させる指示が調査票に明示されていることにより、一部回答者にとっては回答する必要のない（回答できない）質問の回答欄の状態を指します。例えば、働いていない人に職業を聞いても答えようがないことから、このような場合には、質問票内の別の質問にとんでもらい、回答をしてもらいます。

分析によって、無回答の場合は0とする、もしくは分析から外すなどの措置を講じる必要があります。なお、データごとに、無回答の場合は「999」、非該当の場合は「8888」などの値が入力されていることがあるため、コードブックなどに必ず目を通して、分析に応じた処理をすることが大切です[8]。なお、簡易的な確認方法としては、最小値、最大値、平均値、分散を計算するという方法があります。これにより、ありえない値や想定外の値がデータに含まれているかが一目でわかります。

欠損値は、もともとデータがなかった、データはあったが入力時に入力し損ねた・入力しないことにした、入力すべきでなかった0の値を空欄に置き換えたことなどで生じます。なお、欠損値があった場合には、欠損値を除いて分析をしたり、平均値を入力して補ったりするなどの方法を取ります。

重複値は、同じ回答がデータ内に含まれている場合を指します。例えば、同じ調査対象に関する情報がデータ内に複数回にわたって観察される場合（同じ識別番号のデータが2回以上データ内にある場合）は、重なっているものをデータから削除する必要があります。

単位の変換

分析をするうえで、単位を変換する作業が必要な場合があります。例えば、

8）なお、無回答や非該当を数値で入力する場合は、回答するうえでありえない数値（無回答の場合は「999」、非該当の場合は「8888」など、桁数を1つ繰り上げたうえで、一般的には回答上使われない数値）にしておくと有効な回答と区別ができます。

異なる時点の所得を比較する場合には、物価の変動の影響を取り除かなければ、たとえ所得が上昇して見えたとしても、所得自体の上昇ではなく、物価が上昇したことによって所得が上昇したように見えただけかもしれません。以下では、分析の際によく用いられる、実質化、対数変換、季節調整について説明します。

(1) 実質化

　異なる時点における所得などの金額の変化を見たい場合、物価も変化していることから、物価の影響を取り除かなければなりません。なぜなら、所得が上昇したように見えたとしても、実は物価が上昇していたことが原因であって、所得が実際には上昇していなかったということもありうるからです。この物価の変化も含まれた値のことを**名目値**、物価の変化を取り除いた値のことを**実質値**と言います。また、名目値を実質値に直すことを**実質化**と言います。実質化は、例えば、所得の場合、名目所得を総務省統計局の「消費者物価指数」で割り、100を掛けることで実質所得に直すことができます。

$$実質所得 = \frac{名目所得}{消費者物価指数} \times 100$$

(2) 対数変換

　分析、特に回帰分析において、異なる単位どうしを比較する際に有効なのが対数変換です。**対数変換**とは、影響を与える要因 X_{it} と影響を受ける要因 Y_{it} の関係がべき関数（$Y = X^{\beta}$。Y と X は変化していき、β は一定です。なお、$\beta \neq 1$ かつ $\beta > 0$）と考えられるときに、対数変換することで直線的な関係に変換できる方法です。対数変換は、例えば、価格が1％変化すると、需要が何％変化するかを表す需要の価格**弾力性**を見ることなどに使われています。弾力性が1より大きいと価格の変化率より需要の変化率の方が大きいことから、需要が価格に対して激しく反応すること（弾力的であること）を示し、1より小さいと需要が価格に対して鈍く反応することを示します。ちょうど1の場合は、価格の変化率と需要の変化率が同じ値で、需要が価格と釣り合って反応す

ることを示しています。このように、弾力性は変化率の比であり、**弾性値**とも
言います。これを、以下では、回帰分析を例に確認してみましょう。影響を与
える要因 X_{it} と影響を受ける要因 Y_{it} の回帰式を以下のように表します。

$$\log Y = \alpha + \beta \log X + \varepsilon$$

説明変数 $\log X$ で両辺を微分すると、

$$\frac{d\log Y}{d\log X} = \beta \quad \Leftrightarrow \quad \beta = \frac{\dfrac{d\log Y}{dY}dY}{\dfrac{d\log X}{dX}dX}$$

ここで対数関数の微分は、$\frac{d\log Y}{dY} = \frac{1}{Y}, \frac{d\log X}{dX} = \frac{1}{X}$ となることから、

$$\beta = \frac{\dfrac{dY}{Y}}{\dfrac{dX}{X}}$$

となります。このように、β は、X の変化率に対する Y の変化率の比である
ことを示しています。

　以上の例では、回帰式の両辺に対数をとっていました。この他、賃金関数の
推定の際には、賃金には対数をとり、賃金を説明する要因（学歴や年齢など）
には対数をとらない片対数モデル（semi-log model）を使用することもありま
す。

　なお、対数変換をする際、値が 0 の場合は計算できないので、対数変換をす
る前に 1 を加えるなどして、もともと値が 0 の箇所には対数変換をしたあとに
0 が入るようにすることもあります。

(3) **季節調整**

　時系列データを扱っていると、季節に応じて繰り返される循環変動（季節
性）が見られる場合があります。データに季節性があると、増加や減少といっ
た動きが見えにくくなるため、季節性を除去することが求められます。**季節調
整**とは、時系列データのうち、月次データや四半期データに内在する季節特性

を取り除く方法です。時系列データには時期に応じて特有の動きをするものがあり、自然による要因（例えば、夏は気温が高く、冬は気温が低いという特徴があり、冷たいものが夏は売れ、温かいものが冬は売れるなど）、暦による要因（ゴールデンウィークには旅行客が増えるなど）、制度・習慣による要因（クリスマスにはおもちゃの売り上げが上昇するなど）によって、データは変動します。このため、季節変動を取り除く方法が考案されています。

　季節調整の方法には、特定の時期に1、それ以外の時期に0の値をとるダミー変数を使用するという単純な方法や、前年同期比による調整、移動平均による調整[9]、センサス局法[10]などがあります。

　前年同期比による調整は、以下の式に値を当てはめて計算することで、季節性を簡易的に除く方法です。

$$\text{前年同期比}(\%) = \frac{\text{今年の }m\text{ 期の値} - \text{前年の }m\text{ 期の値}}{\text{前年の }m\text{ 期の値}} \times 100$$

例えば、月次データの場合（12カ月前の値を使用）は、t 年の前年同期比 X_t を得るとすると、$X_t = \frac{x_t - x_{t-12}}{x_{t-12}} \times 100$ を行い、調整を行います（小文字の x は各年の値）。簡単に行える調整方法ではあるものの、完全には季節性を取り除くことができません。

　移動平均は、平均値が時期によって移動する平均のことで、期間を範囲として、期間をずらしながら平均を計算していきます。季節変動は、毎年規則的に生じるもので、当該月前後12カ月分のデータを平均すれば平準化されるという考え方に基づいています。平均をとる際に、基準を期間のどこに設定するかで名称が異なり、期間の中心を基準にその前後のデータを用いる場合は中心化移動平均、期間の最も古い時期を基準にその後（未来）のデータを用いる場合は前方移動平均、期間の最も新しい時期を基準にその前（過去）のデータを用いる場合は後方移動平均と言います。なお、期間が偶数年の場合は、最も古い時

9）周期にあわせた期間をとって移動平均する方法で、12カ月移動平均や中心化移動平均を用いた方法が該当します。

10）センサス局法は、移動平均法をベースとして操業日数を標準日数に換算する調整に、2曜日・祝祭日・うるう年の調整を加えるなどとして調整する方法です。

期のデータと最も新しい時期のデータに0.5を乗じて平均を作成します。移動平均は、変動が細かく起こるために全体の傾向をつかみにくい場合に、変動を均すために使われます。

複数のデータセットの接続・統合

　手作業で作業をすると誤りが生じる可能性が高く、また時間もかかるため、繰り返し作業を行う場合はプログラムを作成し、自動的に処理する方が無難です。

　複数の**データセットの接続・統合**（data integration）では、接続に必要な同内容の情報が、接続するデータそれぞれに含まれている必要があります。例えば、異なる都道府県別のデータを統合したい場合、都道府県番号と呼ばれるコードを用います。都道府県番号は、北海道は1、青森県は2というように番号の意味をそろえたうえで、つなぎたい各データに入力し、その番号に基づいて異なるデータどうしを接続します。コードは、国や地域でも設定されており、数値やアルファベットといった単位で作られています。

データの維持管理に有用なソフトウェア

　データの維持管理は、小さいサンプルサイズのデータであれば手作業でも可能です。しかし、サンプルサイズが大きくなると、手作業では手に負えなくなってしまいます。このため、パソコンのソフトに頼らざるを得ないことになります。データの維持管理を行う場合、すべてを自動化できると作業効率が増します。例えば、Microsoft Excel の場合、セル内に記した計算式を行列にコピー・アンド・ペーストしていくといった作業を手作業で行うと、非常に手間がかかり、ミスも生じやすくなります。そのため、VBA（Visual Basic for Applications）[11] を用いてマクロなどのプログラムを書くことにより、作業を簡略化するとよいでしょう。

　この他、R や Stata は、異なるデータの接続が簡単にでき、横方向、縦方向

---

11) 藤井・大山（2022）、古川（2022）、国本・緑川・できるシリーズ編集部（2021）などを参照してください。

など、特定の調査対象識別番号、調査時期、変数に対してデータを割り当てることが可能です。結合（append や merge）と整列（sort）も、短いプログラムを書くだけで可能です。

サンプルに偏りがある場合の修正方法

　データを用いて分析をする際に、分析に用いるサンプルに偏りがある場合には対処が必要です。標本抽出の段階での偏りが生じる可能性については、すでに第4章で触れ、偏りが生じないように抽出する方法について言及しました。しかし、たとえ調査票を回収できたとしても、その回答状況に偏りが生じることはあり得ます。また、分析の対象としてサンプルをさらに条件付けていく場合は、さらに偏りが生じる可能性が高まります。

　例えば、パネルデータでは、時間が経つにつれてサンプル脱落が生じるケース、特定のグループでサンプル脱落が生じるケースなど、回答者数が減少していくことでデータが摩耗していくことが大きな問題です。こうした問題を解決するために、サンプルウェイトや無回答ダミーを用いる方法があります。

(1) サンプルウェイト

　サンプルウェイト（sample weight）[12]とは、サンプリングバイアスが生じている際にバイアスを修正するために用いられるウェイトのことです。提供されているデータの中には、調査票で質問された内容に対する回答結果のみならず、サンプルウェイトもあわせて提供されるものもあります。また、未回収の調査票に関する情報があれば、自身でサンプルウェイトを作成することも可能です。

　サンプルウェイトには、**横断面ウェイト（cross-sectional weight）**、**時系列ウェイト（longitudinal weight）**などがあり、データの偏りにあわせてウェイトを付け、分析を行います。

---

[12] サンプルウェイトについて、「日本家計パネル調査」（JKHPS）については、石井・野崎（2014）、「若年パネル調査」（JLPS-Y）と「壮年パネル調査」（JLPS-M）については、小川（2020）を参照してください。

(2) 無回答ダミー

　無回答ダミーとは、質問に回答しないサンプルを分析から排除するのではなく、それら無回答を残したうえで、無回答の場合は1、回答の場合は0のダミー変数を作成し、無回答サンプルと回答サンプルを識別できるようにしたうえで、両方あわせたデータを用いて分析を行う方法です。

◆参考文献◆

石井加代子・野崎華世（2014）「『慶應義塾家計パネル調査（KHPS）』と『日本家計パネル調査（JHPS）』における Cross-sectional/Longitudinal ウェイトおよびパネル統合ウェイトの作成」『三田商学研究』第57巻第4号、123-145頁。

大屋幸輔（2020）『コア・テキスト統計学（第3版）』新世社。

大屋幸輔・各務和彦（2012）『基本 演習統計学』新世社。

小川和孝（2020）「東大社研・若年壮年パネル調査における横断面ウェイトの作成」東京大学社会科学研究所パネル調査プロジェクトディスカッションペーパーシリーズ、No.122。

国本温子・緑川吉行・できるシリーズ編集部（2021）『できる大事典 Excel VBA：2019/2016/2013 & Microsoft 365対応（できる大事典シリーズ）』インプレス。

小島寛之（2006）『完全独習 統計学入門』ダイヤモンド社。

白砂堤津耶（2015）『例題で学ぶ初歩からの統計学（第2版）』日本評論社。

鳥居泰彦（1994）『はじめての統計学』日本経済新聞出版。

藤井直弥・大山啓介（2022）『Excel 最強の教科書［完全版］：すぐに使えて、一生役立つ「成果を生み出す」超エクセル仕事術（2nd Edition）』SB クリエイティブ。

古川順平（2022）『Excel マクロ & VBA やさしい教科書：2021/2019/2016/Microsoft 365対応』SB クリエイティブ。

森棟公夫（2012）『教養 統計学』新世社。

森棟公夫・照井伸彦・中川満・西埜晴久・黒住英司（2015）『統計学（改訂版）（New Liberal Arts Selection)』有斐閣。

涌井良幸・涌井貞美（2015）『図解 使える統計学』KADOKAWA。

第6章　ソフトウェアの使い方の入り口

6.1　ソフトウェアを使った分析の流れ

　統計データ分析の実行には、手計算を行うわけではなく、コンピュータと計算用のソフトウェアを用います。また、ほぼすべての分析手法が、Excel などで関数を組み合わせて数式を計算するのではなく、簡易コマンドで自動で計算を行ってくれるパッケージが用意されています。分析者は、適切なデータを用意し、計算に用いるソフトウェアの使い方を理解するだけで、非常に簡単に分析を行うことが可能です。現在は統計分析に用いることのできるソフトウェアは多くの種類が存在しており、分析者の環境や目的に応じて選択することが可能です。

　しかし、統計分析を行う1つのハードルが、そのソフトウェアの操作にあります。多くの人が触れたことがあるであろう Excel でそのまま実施できるのか、統計分析専用のソフトウェアは何となく敷居が高い、プログラミングに抵抗がある、などの理由から統計分析の実施に踏み出せない人も多いでしょう。この章では、統計分析を行うにあたっての基本的な流れや、初学者が引っ掛かりやすいポイントなどを説明し、おおまかなイメージをつかんでもらうことを目的としています。この章の説明だけでは各自の研究目的に応じた分析の実施までは難しいですが、おおまかに何が必要で、何を別途調べる必要があるか、の理解に役立ててください。

　ソフトウェア操作を含め、データ分析全体における基本的な流れは、図6-

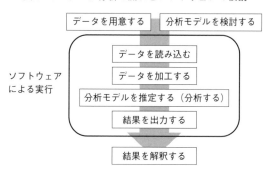
図6-1　データ分析の流れとソフトウェアの役割

1の通りです。

　分析モデルを検討することと、データを用意することについては、順序は決まっていません。理想的な分析モデルを考え、それに合うデータが準備できることもあれば、研究対象から得られるデータに限りがあり、その範囲の中で分析モデルを検討することもあります。場合によっては同時に検討することもあるでしょう。この点については、本書の内容に加えて、それぞれの関連する先行研究などを参考にするのが近道です。

　データの用意と目標とする分析手法の選定という下準備ができれば、いよいよソフトウェアの操作に入ります。データの読み込み、データの加工、分析モデルの推定などはそれぞれ別の操作となり、分析者が適切に操作・指示をする必要があります。また、各操作はソフトウェアによって異なるため、それぞれのソフトウェアの作法を理解する必要があります。

　ソフトウェアを用いれば、結果の出力は可能ですが、その結果からどのようなことが読み取れるか、現実に当てはめて考えるのは分析者が行う必要があります。第2章や第3章で説明している分析結果の読み方と解釈を参考にし、それぞれの研究目的に応じた説明を行ってください。

6.2　ソフトウェアの種類と違い

　前述の通り、統計分析に用いることのできるソフトウェアは多くの種類が存

在しています。大雑把に分けると、以下の3種類が存在しています。

- 表計算ソフト（Excel）
- 統計ソフトウェア（R、Stata、gretl）
- 汎用プログラミング言語（Python）

　表計算ソフトの代表例としてはExcelが挙げられます。その名の通り、表形式でデータを表示・整理・集計することが目的ですが、そのまま統計分析を行うことも可能です。マウス操作により直感的な作業が可能で、多くの人が比較的使い慣れているソフトウェアです。一方、統計分析の実施は本来の目的ではないため、機能が限定的になっています。また、研究を行う際は試行錯誤や計算手順の確認などが欠かせませんが、Excelでは操作手順を保存して再現することが難しく、誤った計算手順に後から気づいたもののやり直しができない、というのはよくある失敗です。

　そこで、統計分析に特化したソフトウェアが多く開発されました。古くはSPSS、SASが高いシェアを誇っていましたが、その価格の高さ[1]などを理由に2010年頃からシェアを落とし始め、Rの利用者が急増しています。さらに経済学分野では、計量経済学で発展してきた回帰分析の手法が充実しているStataやEViewsが広く用いられており、多くの大学のパソコンルームにあるパソコンにインストールされています。StataもEViewsも有料ですが、EViewsに操作感の近い無料ソフトであるgretlも開発され、特に大学生の研究ではこのgretlを使っているものも散見されます。

　統計ソフトウェアを使う利点の1つとして、Excelでは処理の面倒な高度な操作の多くがすでにパッケージとして用意されており、簡単なコマンドで実施可能なところにあります。また、多くの統計ソフトウェアではスクリプト（実施する操作をプログラミング言語で記述したファイル）として操作を保存・実行することができます。これにより、Excelでは実施の難しかった操作手順の保存・修正・やり直しができるようになります。Excelでは操作を誤ってしま

1）SASは現在、SAS OnDemand for Academicsのホームページ（https://www.sas.com/ja_jp/software/on-demand-for-academics.html）から無料で利用することができます。

図6-2　Stata における GUI 形式（上）とスクリプト形式（下）

〈GUI 形式〉

〈スクリプト形式〉

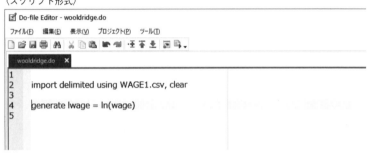

　ってやり直しに苦労するといった問題も、スクリプトさえあれば同じ手順を何
度でも簡単にやり直すことができ、さらに修正や複数人での確認も容易になり
ます。簡単な操作でもプログラミングが必要になるため、Excel よりも手間が
かかりハードルも少し高くなりますが、複雑で作業量の多い加工や分析が必要
な場合は、スクリプトを書いた方が「急がば回れ」になることがよくありま
す。以降では、選択肢で用意されたコマンドをクリックして操作する方法を
GUI 形式[2]、スクリプトを用意して保存・実行する方法を**スクリプト形式**[3]、
と呼びます（図6-2）。

2）グラフィカル・ユーザー・インターフェース（Graphical User Interface）の略です。
3）GUI に対応する言葉としては、キャラクター・ユーザー・インターフェース（Character User Inferface：CUI）がありますが、GUI と判別しづらいため、スクリプト形式
　と記述しています。

　統計分析の実施には、必ずしも統計ソフトウェアを用いなければならないというわけではなく、アプリケーションの開発などでも用いられるような汎用プログラミング言語も利用可能です。いずれのプログラミング言語でも統計分析用のコマンドが用意されているので、冒頭で述べたように細かい計算のプログラミングは不要です。一方で、統計ソフトウェアでは用意されていないような独自の計算や、最新の高度な手法を実装したい場合は、この汎用プログラミング言語を用いる必要があります。ただし、どれだけ簡単でも統計ソフトウェアのスクリプト操作以上に細かくプログラミングをする必要があり、汎用プログラミングの理解と慣れがないと利用するのは非常に難しいでしょう。統計分析では大規模なデータセットを扱い、コンピュータの内部ではそれを行列として計算をしているため、行列計算に強いMatlabなどが使用されてきました。近年では、さらに無料で使いやすくなったPythonが普及しつつあり、Pythonによる統計分析の書籍やウェブ上の資料などが豊富に見られるようになってきています。機械学習を統計分析に応用する研究も増えつつあり、その多くでPythonが用いられています。

　本章の結論を先取りすると、早い段階での統計ソフトウェアへのチャレンジを推奨します。経験のあるExcelはとっつきやすいですが、統計分析の実施には制限が多く、その制限のせいで不適切な分析モデルに留まらざるをえないことがあります。一方、汎用プログラミング言語は習得に時間がかかり、大学の講義やゼミ活動のためだけに勉強するのは、非常にコストパフォーマンスが悪くなります。将来的にプログラマーや高度な手法を扱う研究者を希望する場合を除いて、統計ソフトウェアを用いて効率よく研究を進めましょう。

6.3　データの加工

　研究における統計分析の作業の9割は、データの加工と言っても言い過ぎではありません。回帰分析などは確かに複雑な計算が必要ですが、ソフトウェア上の指示は一瞬で終わります。一方で、用意したデータを分析可能な状態にする操作は、ソフトウェアは自動では行ってくれず、分析者が行う必要があります。代表的なデータの加工としては、第5章5.4節で説明されています。デー

タの加工には、おそらくデータを開くのに使用しているであろう Excel をそのまま使って行う方法と、Excel では何も行わず、統計ソフトウェアに読み込ませてそちらで加工を進める方法に大別されます。ソフトウェアの選択によって利便性が大きく異なるため、この節で説明します。

　Excel をそのまま使って加工を進める場合、やはり統計ソフトウェアよりは使い慣れたソフトで作業を行えるという利点があります。マウス操作で直感的に操作ができ、計算対象となるセルを目視しながら扱えるため、追加的な知識もそれほど必要とせず、加工や集計を進めることが可能です。一方で、複雑な加工を行う際は注意が必要です。例えば、同じ主体であれば横方向に結合するといった複数のデータセットの結合操作は、Excel であれば VLOOKUP 関数で実行できるものの、関数の使い方の理解が難しいことに加え、分析者のセル指定などのヒューマンエラーの可能性も高く、なかなかに煩雑です。あるいは、例えばダミー変数の作成については、IF 関数を駆使すれば簡単ですが、選択肢が多いケースやサンプルサイズが大きい場合などは同じく非常に煩雑になります。

　統計ソフトウェアに読み込ませて、そちらで加工を進める場合、上記のような煩雑さを解消できる可能性が高くなります。統計ソフトウェアでは、一般的に行われるデータの加工の自動化のコマンドが用意されています。例えば上記で挙げた複数のデータセットの結合操作は、結合のコマンド、結合する 2 つのデータセット、どの変数が共通か（ここが一致していれば結合する）を指定するだけで、ソフトウェア側が自動で結合処理を行ってくれます。また、ダミー変数の作成についても、ダミー作成のコマンドと、元にする離散変数を指定するだけで、離散変数内に何パターンの選択肢が存在するか確認し、そのすべてに対してそれぞれ 1 となるダミー変数を用意してくれます。一方、Excel であればちょっとしたマウス操作で終わっていたような修正作業も、スクリプト形式であればわざわざ 1 行書く必要があります。

　以上のように、Excel で加工を進める方法と統計ソフトウェアで加工する方法には、一長一短があります。間違える可能性の低いちょっとした操作であれば Excel で構いませんが、ヒューマンエラーの可能性が高い、手順が複雑な操作を行う場合は、積極的に統計ソフトウェア、中でもスクリプト形式でいつで

図6-3　分析ツールアドイン

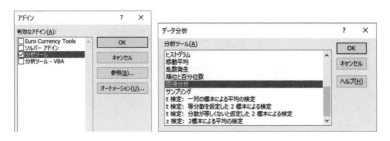

もやり直せる環境で進めることを推奨します。

6.4　ソフトウェアごとの特徴と操作例

　データの加工ができたら、いよいよ分析です。分析には、加工と同じく Excel と統計ソフトウェアを使う方法がありますが、加工よりもさらに統計ソフトウェアの利便性が高くなり、それどころか統計ソフトウェアでないと不可能なことも出てきます。ここでは、第2章でも例に用いられている Wooldridge (2013) の賃金分析について、基本的な最小二乗法による回帰分析のやり方を図示しながら、具体的なソフトウェアの紹介と、それぞれの操作方法の違いを説明したいと思います。どのソフトウェアを用いるかは、自分のコンピュータや大学のパソコンルームで利用可能な環境、パソコン操作の習熟度、分析の手軽さ、将来の利用可能性などを考慮して、各個人で適切だと思うものを選択してください。

Excel

　最もとっつきやすい Excel ですが、インストールしたそのままの状態では回帰分析を実行することができず、追加機能をオンにする必要があります。Excel を起動後、[ファイル→オプション→アドイン→管理：Excel アドインの設定→分析ツール] にチェックを入れる（図6-3）と、上部のデータタブの最右部に [データ分析] が出現します[4]。この分析ツールアドインでは様々な追加機能を提供していますが、その中の回帰分析を選択します（図6-3）。

図6-4　Excel での回帰分析の実行と結果出力

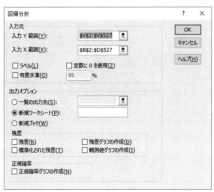

	A	B	C	D	E	F	G	H	I
1	概要								
2									
3		回帰統計							
4	重相関 R	0.562151							
5	重決定 R2	0.316013							
6	補正 R2	0.312082							
7	標準誤差	0.440862							
8	観測数	526							
9									
10	分散分析表								
11		自由度	変動	分散	引された分₫	有意 F			
12	回帰	3	46.87418	15.62473	80.39092	9.13E-43			
13	残差	522	101.4556	0.194359					
14	合計	525	148.3298						
15									
16		係数	標準誤差	t	P-値	下限 95%	上限 95%	下限 95.0%	上限 95.0%
17	切片	0.28436	0.10419	2.72923	0.006562	0.079676	0.489044	0.079676	0.489044
18	X 値 1	0.092029	0.00733	12.55525	8.82E-32	0.077629	0.106429	0.077629	0.106429
19	X 値 2	0.004121	0.001723	2.391437	0.017136	0.000736	0.007507	0.000736	0.007507
20	X 値 3	0.022067	0.003094	7.13307	3.29E-12	0.01599	0.028145	0.01599	0.028145
21									

　回帰分析機能では、被説明変数（入力 Y 範囲）と説明変数（入力 X 範囲）を指定することで、回帰分析を実行可能です（図6-4）。

　このように、加工時と同じくマウス操作で重回帰分析を実行可能です。しかし、Excel では重回帰分析をはじめとする基本的な検定手法が分析ツールアド

4）Office365ではホームタブの右端部にもデータ分析が表示されていますが、これは読み込まれているデータから自動で集計やグラフを作成するインテリジェンス機能であり、回帰分析を行うためのツールとは異なります。

図 6 - 5　gretl の画面

インで提供されているのみで、本書で紹介しているような離散選択モデル以降の手法は利用できません[5]。また、重回帰分析も説明変数が15個までしか扱うことができません。個票データなどで豊富な質問項目があったり、質的データをダミー変数として扱ったりする場合などは、必然的に扱う説明変数の数が多くなり、Excel では満足な回帰モデルを推定できなくなってしまいます。

gretl

Excel では行えない計算を実行したい場合の統計ソフトウェアの候補として、gretl を紹介します。gretl は計量経済学の分析手法に特化した統計ソフトウェアであり、無料で利用することができます。GUI 形式とスクリプト形式のいずれでも操作可能ですが、gretl は特に GUI のわかりやすさに優れており、ここでは GUI 形式を紹介します[6]。

gretl を起動すると、図 6-5 のような画面が現れます。一見真っ白で何もな

5）Excel でもソルバーアドインで最尤法が利用可能なので、それを用いてロジットモデルとプロビットモデルを計算することは可能です。インターネットで検索すればやり方を調べることができますが、その手間や解が正しいかどうかのリスクを考えると、ここで紹介している統計ソフトウェアを利用する方を推奨します。

図6-6　gretl でのデータ読み込み

い画面に見えますが、上部の［ファイル→データを開く→ユーザー・ファイル］からファイルを選択すると、データを読み込むことが可能です。デフォルトでは gretl 専用のデータファイルのみが表示されるようになっているので、今回は用意したデータにあわせて右下のファイル形式の指定を csv ファイルにあわせます。

　読み込むと同時に、横断面・時系列・パネルデータのいずれか、gretl が自動で判別しようとします（図6-6）。誤っている場合は正しく指定することも可能です。読み込みが完了すると、図6-6のように変数一覧が表示されます。Excel とは異なり、具体的なデータの値を一目で見ることはできませんが、変数をクリックすることで中身の数値を確認することができます。

　準備ができたら、回帰分析を実行します（図6-7）。モデルタブ内にある分析手法の中から通常の最小二乗法を選択すると、変数選択の画面が出てきます。読み込んでいる変数一覧からクリックで被説明変数と説明変数を選択し［OK］を押すと、図6-8のような結果が出力されます。

　6）スクリプト形式でも一通りの操作が可能ですが、扱いやすさや参考資料の豊富さの点で、後に紹介する Stata や R の方が優れています。

図6-7　gretl での回帰分析の実行

図6-8　gretl での結果出力

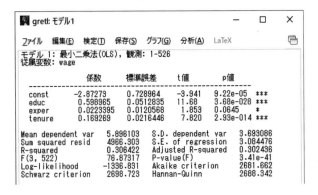

　このように、データの読み込み形式や用意されている手法など、本書で紹介
してきた言葉がソフトウェア内で頻繁に使われていることからも、計量経済学
に特化したソフトウェアであることがよくわかると思います。

Stata

　StataCorp 社が開発・販売[7]している Stata は、経済学に限らず医学や疫学で
も広く用いられているソフトウェアです。個票データなどの大きなサイズのデ

図 6-9　Stata の画面

ータの操作、およびミクロ計量経済学の手法が豊富に用意されており、2010年代に広く普及しました。無料である R の勢いにおされていますが、GUI 形式・スクリプト形式いずれでも実行可能で、わかりやすい初学者向けテキストもあることから、Stata がパソコンにインストールされている大学では利用している学生が多いソフトウェアです。Excel や gretl よりも複雑な操作や分析が可能で、データの加工も得意なので、スクリプト形式で用いられることが比較的多いソフトウェアです。

　Stata を起動すると、図 6-9のような画面が表示されます。

　Stata 起動後、[ウィンドウ→do ファイルエディタ→新規 do ファイルエディタ]を選択すると、白紙のスクリプトが表示されます。スクリプト形式では、ここに実行したい命令を実行する順番に並べて記述することで、記録をとることと手順の確認を同時に行いながら作業を進めることができます。例えば、Stata でのデータの読み込みは図 6-10のように記述します。

　冒頭では、読み込むデータフォルダの場所の指定を行っており、そのための

7）日本国内では主に株式会社ライトストーン（https://www.lightstone.co.jp/）が販売しています。

図6-10　Stata でのスクリプトの構造

コマンドが cd です。続いてデータを読み込む際は、import delimited コマンドを使っています。このように、Excel や gretl の GUI 操作であればクリックで直感的に選択できていたものを、一つひとつ記述する必要があるのが、スクリプト形式の煩雑さです。その分、回帰分析の実行は非常に簡単になります。reg コマンドを用いて、その後ろに被説明変数、続いて使用する説明変数を並べるだけで、回帰モデルとその実行を表現します。また、スクリプトは書いただけでは実行されません。書いたあと、「実行する」という操作を行って初めて、ソフトウェア側が読み取って操作を始めます。Stata の場合は、並んでいるアイコンの右端の ▤▪ が、実行ボタン（do）です。

　上記のスクリプトを実行すると、図6-11のような結果が出力されます。

　Stata で主流のスクリプト形式は、GUI 形式に比べて操作一つひとつの記述が必要であり、さらにその操作のコマンドを覚えておく（あるいは調べる）必要があるため、まさに簡易的なプログラミングを行っています。この程度の操作であれば GUI 形式で処理をする方が楽に見えますが、スクリプト形式の利点はこの先にあります。前述の通り、スクリプト形式であればいま行っている分析モデルが保存されており、変数を入れ替えての試行錯誤や、複数パターンの回帰分析を実行して比較を行うなど、繰り返し操作に優れています。

図6-11　Stataでの結果出力

```
. reg lwage educ exper tenure

      Source |       SS           df       MS            Number of obs   =       526
-------------+----------------------------------        F(3, 522)       =     80.39
       Model |  46.8741776         3   15.6247259        Prob > F        =    0.0000
    Residual |  101.455574       522   .194359337        R-squared       =    0.3160
-------------+----------------------------------        Adj R-squared   =    0.3121
       Total |  148.329751       525   .28253286         Root MSE        =    .44086

-------------+----------------------------------------------------------------
       lwage |      Coef.   Std. Err.      t    P>|t|     [95% Conf. Interval]
-------------+----------------------------------------------------------------
        educ |    .092029   .0073299    12.56   0.000     .0776292    .1064288
       exper |   .0041211   .0017233     2.39   0.017     .0007357    .0075065
      tenure |   .0220672   .0030936     7.13   0.000     .0159897    .0281448
       _cons |   .2843595   .1041904     2.73   0.007     .0796756    .4890435
-------------+----------------------------------------------------------------
```

図6-12　RStudioの画面

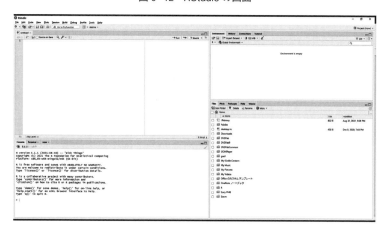

R

　Rは、無料で利用できる統計分析用のプログラミング言語です。利用ユーザ
ー数がそれほど多くない時期は、企業が開発し利用者も多かった有料ソフトウ
ェアの方が信頼性が高かったのですが、無料という大きなメリットとともに利
用者が増え、いまでは有料ソフトウェア以上の利用シェアを獲得しています。
あくまでプログラミング言語なので、スクリプト形式での操作が基本となりま
す[8]。インストールしたRを単独でも利用できますが、**RStudio** という総合開
発環境で用いるのが一般的です[9]。RStudio を起動すると、図6-12のような画

図6-13　Rのスクリプト例

```
1  wd <- read.csv("WAGE1.csv")
2
3  regwd <- lm(formula = lwage ~ educ + exper + tenure, data = wd)
4
5  summary(regwd)
6  |
```

面になります。

　左上の空白部分がスクリプトで、ここにソースコードを記述していきます。実行した操作の結果は左下の画面に表示されます。右上は読み込んだデータセットなどを表示する欄で、右下はパッケージ（後述）の一覧、ブラウザ、ヘルプなどを表示する欄です。このように、統計分析を実施する際に頻繁に確認するものが配置されています。実際にデータの読み込みと分析の実行までをスクリプトに記述したものが図6-13です。

　1行目では、read.csvというコマンドを用いてWAGE1.csvを呼び出し、それをwdとしてRStudio内に読み込むという操作を行っています。続いて回帰分析の実行には、lm()というコマンドで回帰モデルの定義（formula =部分、~の前が被説明変数、~の後ろが説明変数）と使用データの指示（data =部分）を行い、それをregwdという名前で保存します。これだけでは分析結果は出力されず、最後にsummary()で保存した回帰分析結果を呼び出すことで、以下の図6-14の結果が出力されます。

　このように、加工済みのデータを読み込んだうえで、OLSを計算するのであれば、簡単なソースコードの記述で実行可能です。ただし、Stataに比べてやや回りくどく感じるかもしれません。また、特殊な形式のデータの読み込み、データの複雑な加工や、発展的な分析手法の利用などの際は、使用するコ

8）GUI操作用のソフトウェアであるRコマンダーを用いることで、GUI形式での操作も可能です。

9）RとRStudioは別ソフトウェア扱いであり、それぞれでインストールする必要があります。先にRをCRANホームページ（https://cran.r-project.org/）からインストールし、そのあとRStudioホームページ（https://www.rstudio.com/）からRStudio Desktopをインストールしてください。

図6-14　Rでの結果出力

```
> summary(regwd)

Call:
lm(formula = lwage ~ educ + exper + tenure, data = wd)

Residuals:
     Min       1Q   Median       3Q      Max
-2.05802 -0.29645 -0.03265  0.28788  1.42809

Coefficients:
            Estimate Std. Error t value Pr(>|t|)
(Intercept) 0.284360   0.104190   2.729  0.00656 **
educ        0.092029   0.007330  12.555  < 2e-16 ***
exper       0.004121   0.001723   2.391  0.01714 *
tenure      0.022067   0.003094   7.133 3.29e-12 ***
---
Signif. codes:  0 '***' 0.001 '**' 0.01 '*' 0.05 '.' 0.1 ' ' 1

Residual standard error: 0.4409 on 522 degrees of freedom
Multiple R-squared:  0.316,      Adjusted R-squared:  0.3121
F-statistic: 80.39 on 3 and 522 DF,  p-value: < 2.2e-16
```

マンドがまとまっているライブラリと呼ばれるものを事前に読み込んでおく必要があります。gretl や Stata は、基本的にほぼすべての機能が最初からソフトウェア内でいつでも使用できるようになっており、この点が R を少し敷居高く感じてしまう理由の1つです。一方で、このパッケージを多くのユーザーが開発・公開しており、デフォルトの R よりも使いやすいコマンドの提供や、gretl や Stata で実装されていないような操作や手法を利用できる可能性がある、という利点につながっています。例えば、複数のパッケージがまとまっている tidyverse をインストールすると、データの操作や加工に使いやすい dplyr パッケージや、データの可視化に便利な ggplot パッケージを利用することができます。パッケージの利用には、スクリプト内で利用したい部分よりも前の行で以下のように記述しておく必要があります。

install.package(tidyverse)
library(tidyverse)

　install.package() はインストールのコマンドであり、一度インストールしてしまえばそのまま永続的に使用できます。library() はパッケージを読み込むコマンドであり、RStudio を起動するたびに読み込み直す必要があるため、スクリプト内に記述を残しておく必要があります。このように、一見すると直接

分析に必要な操作以外のコマンドが必要であったり、計算の指示と結果の出力の指示が別であったりするところが、プログラミングに慣れていない初学者へのハードルになっています。

Python

　Pythonは前述の通り、統計専用のソフトウェアではなく、汎用プログラミング言語です。これまで紹介したStataやRの方が統計に特化している分、スクリプトの記述が簡単で、シンプルな分析を行うだけであればPythonを使う必要はありません。Pythonは、ウェブサイトから特定の情報を自動で抽出するウェブスクレイピングによるデータ収集や、機械学習などによる予測分析まで行うなど、統計分析以外の処理を組み込みたい場合に効果を発揮します。本書の想定読者は直近でそのような高度な操作を行うことはないかもしれませんが、いずれそのような分析が大きな目標にある場合は、早い段階でPythonによる分析に慣れておくのもよいかもしれません。

　PythonはRと同じく、総合開発環境を構築するのが一般的ですが、用途が多岐にわたるため、様々な開発環境が用意されています。統計分析に用いる場合は、必要な開発環境をまとめて準備できるAnacondaをインストールするのが一般的です[10]。Anacondaの中には、Rで言うRStudioに相当するJupyter Labが用意されており、それを起動してスクリプトを作成していきます[11]。

　図6-15はJupyter Labの画面です。図のように、Jupyter Labはブラウザ上で実行されます。

　Jupyter Labの画面は比較的シンプルで、左側にファイルのブラウザ、右側にスクリプトが表示されています。データの読み込みから分析の実行までのコ

10）他にも、**Google Colaboratory** を利用して、クラウドベースで開発環境を整えるやり方もあります。クラウドベースの場合、自分のコンピュータは計算を行わず、クラウドサービス側（Google）のコンピュータが計算したものを表示するだけなので、計算に非力なコンピュータを使っていたとしてもストレスなく実行可能という利点があります。

11）Anaconda ホームページ（https://www.anaconda.com/）からダウンロード可能です。インストールについては、原（2021）をはじめとする書籍やインターネット上の解説資料を参照してください。

図 6 -15　Jupyter Lab の画面

図 6 -16　Python のスクリプト例

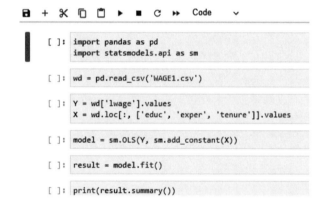

マンドを記述したものが図 6 -16です。Python では複数行をまとめて 1 つのブ
ロック扱いすることができ、上部の▶を押すたびにブロックごとに命令が実行
されます。

　R と同様、まずは以降で使用するライブラリ（R ではパッケージ）を読み込
む（import）必要があります。ここでは、データ処理を簡単にするための pan-
das と、基本的な統計分析コマンドが用意されている statsmodels を読み込んで
います[12]。続く pd.read_csv というのは、「pandas の中に用意されている read_
csv コマンド」という意味であり、これを用いてデータを読み込み、wd と名前

図6-17　Python での結果出力

```
print(result.summary())
                            OLS Regression Results
==============================================================================
Dep. Variable:                      y   R-squared:                       0.316
Model:                            OLS   Adj. R-squared:                  0.312
Method:                 Least Squares   F-statistic:                     80.39
Date:                Sun, 20 Mar 2022   Prob (F-statistic):           9.13e-43
Time:                        04:51:17   Log-Likelihood:                -313.55
No. Observations:                 526   AIC:                             635.1
Df Residuals:                     522   BIC:                             652.2
Df Model:                           3
Covariance Type:            nonrobust
==============================================================================
                 coef    std err          t      P>|t|      [0.025      0.975]
------------------------------------------------------------------------------
const          0.2844      0.104      2.729      0.007       0.080       0.489
x1             0.0920      0.007     12.555      0.000       0.078       0.106
x2             0.0041      0.002      2.391      0.017       0.001       0.008
x3             0.0221      0.003      7.133      0.000       0.016       0.028
==============================================================================
Omnibus:                       11.534   Durbin-Watson:                   1.769
Prob(Omnibus):                  0.003   Jarque-Bera (JB):               20.941
Skew:                           0.021   Prob(JB):                     2.84e-05
Kurtosis:                       3.977   Cond. No.                         135.
==============================================================================
```

を付けています。その後、wd の中から lwage の値を Y、educ から tenure まで
の3変数を X と定義しています。Stata や R と違って、被説明変数や説明変数
の塊を事前に定義しておく必要があり、統計分析専用ソフトウェアよりもやや
煩雑です。回帰分析は、statsmodels の中に用意されている OLS コマンド（sm.
OLS）を用いて、回帰モデル（model）を定義します[13]。これだけでは単に式
を書いただけなので、その計算を実行させるのが model.fit であり、実行結果
が result として保存されます。さらに、結果の出力には、result の中の結果表
（result.summary()）を print コマンドで指示する必要があり、図6-17のように
なります。

　このように、Python では R よりもさらに細かく一つひとつの作業を命令す
る必要があります。この細かさがあるからこそ、統計分析以外のライブラリと
の組み合わせや操作ができますが、その分統計分析だけでなくソフトウェアや
操作手順へのさらなる理解が求められます[14]。

12）as ○○ と表記することで、以降を省略形で記述することができます。
13）デフォルトでは定数項なしになっているので、説明変数側に sm.add_constant という
　　定数項を追加する指示を入れています。

表6-1　ソフトウェアの比較

ソフトウェア	料金	主な使用形式	メリット	デメリット	参考書籍・資料
Excel	有料（安価）	GUI	直感的	機能が限定的 / やり直しが難しい	豊富
gretl	無料	GUI	直感的 / ある程度の手法に対応	利用者が少ない	少ない
Stata	有料（高価）	GUI/スクリプト	経済分野で利用者が多い / コマンド名がわかりやすい	大学でインストールされていない場合ほぼ利用不可能	入門は豊富 / 上級は少ない
R	無料	スクリプト	利用者が多い / インターネット上に資料が豊富	Stataよりスクリプトの記述ルールに慣れが必要	豊富
Python	無料	スクリプト	統計分析以外の操作と組み合わせやすい	Rよりもさらに細かく指示する必要がある	豊富

6.5　ソフトウェアの比較と推奨ソフトウェア

　以上の特徴をまとめたものが表6-1です。これらを踏まえて、授業やゼミ活動における統計分析には、大学のパソコンにソフトウェアがインストールされているのであればStata、されていない場合はRやgretlといった無料ソフトウェアを利用することを推奨します。用意されている機能とテキストの豊富さ、スクリプトの記述が直感的であることから、Stataが比較的バランスがとれています。また、卒業後も利用したい、大学院への進学を検討している、統計分析以外へのソフトウェアの応用などを検討する場合は、無料で利用でき、今後さらなる発展が期待できるRやPythonに挑戦してみましょう。

14）RやPythonは、ソフトウェア本体やパッケージのバージョンを新しくすると、バージョン違いによる不具合が起こる場合があります。常に最新版にするのではなく、必要に応じたアップデートや、不具合が起きた場合は旧バージョンに戻す、といった対応がしばしば取られます。

参考文献

原泰史（2021）『Python による経済・経営分析のためのデータサイエンス：分析の基礎から因果推論まで』東京図書。

Wooldridge, J.（2013）*Introductory Econometrics: A Modern Approach,* 5th edition, Southwestern Publishing.

第7章 政策の効果検証のための手法（基礎編）

7.1 社会科学データを分析する際の注意点と「因果推論」

　ここまでの章で、実証分析における基本的な流れは確認できたと思います。また、線形モデルだけでなく離散選択モデルなどを用いることで、データの特性に縛られず、目的に応じた分析の幅を広げることができます。計量経済学に基づく基本的な分析をおさらいすると、立てた仮説を回帰式の形で表現し、そこにデータを当てはめ、線形モデルやロジットモデルを使ってその関係性（係数）を数値化・統計的検定を行います。分析の結果から、係数の正負や大きさ、統計的に有意かどうかを確認し、仮説と整合的であれば、その変数が有効なものとして主張・議論を進める、という流れで論文中で表現するでしょう。この流れは統計学に基づく多くの学問でも共通で、ときにはクロス表や平均値の差の t 検定などのよりシンプルな手法を用いて、複数の要素・データの関係性について議論します。

　一方で、これまで紹介したデータに線形モデルや離散選択モデルを適用することで、注目したい仮説の検証や主張が十分にできるでしょうか。特に経済学などの社会科学分野のデータについては、そのデータが「観察」されたものであるという理由から、手法の選択に慎重でなければなりません。化学や物理などの自然科学分野では、データの取得のためにしばしば「実験」が行われます。実験とは、様々な状況や要素を可能な限り統一・コントロールし、確認したい関係性が直接確認できるように整えたデータ取得プロセスのことです。例

えば、ラットを用いて投薬の効果を検証する場合、投薬以外の要素（種類、生後日数、室温など）が影響しないようにすべてそろえたものを用意することで、得られた結果の違いが投薬によるものと主張できるよう、データの取得段階から工夫をしています。自然科学では、このような実験をデザインし実行することが容易にできますが、人間行動を対象とした社会科学では、そう簡単に実験によるデータ収集を実施できず、人々の普段の行動を「観察」することを通してデータを回収せざるをえない場合が多くなります。目的の要素以外を統一・コントロールしたデータ取得プロセスではないため、様々な要素が複雑に絡み合い、シンプルな手法ではそれを分析しきることができず、しばしば無関係のものが関係しているように、あるいは関係があるものを無関係と判断してしまうことがあります。

　自然科学の実験や、経済学に基づく社会の分析の目的の1つとして、目標となるものを直接的に動かすことのできる要素の発見・検証があります。例えば、病気の原因となるウイルスを直接攻撃できる医薬品の成分の発見、売上高を増やすことのできる宣伝・広告の方法の発見、そして本書の目的でもある政策の効果検証などです。これらを確認する際に重要なのは、直接的に作用しているか、つまり「原因」と「結果」という因果関係が存在するかどうかです。近年出版されている多くの統計学の書籍やビジネス本でも、この点に注目した**「因果推論」**という分野が大きく注目されています。因果推論とは、従来のシンプルな統計的手法（クロス表や平均値の差の t 検定、単回帰分析など）を社会科学の観察データに当てはめた場合、本来欲しいはずの因果関係の証明ではなく、それらの変数が同時に動いたという相関関係を示しているにすぎないため、データ取得プロセスや手法を工夫・改善することで、因果関係に近づけようとする方法論です。

　経済学を活用して世の中の改善策の提案や既存政策の効果検証を行う際も、相関関係ではなく因果関係を確認して議論を行うべきという考え方が、近年非常に注目されています。そこでこの章では、既存政策の因果効果（因果関係のある直接的な効果）の検証や、新たな改善策の効果的な提案をする際に因果関係の確認を行うための、発展的な手法について説明します。学術研究レベルでは広く用いられている手法ですが、研究者でないと取り組めないほど高度とい

うわけではありません。基本的な概念の理解は学生や研究に従事していない社会人でも十分に可能ですし、計算そのものは統計ソフトに任せることで実施することもできるでしょう。この章の説明ですべてを理解できるわけではありませんが、この章の説明を入口として、それぞれの専門的なテキストで理解を深め、より説得力の高い分析結果の導出に取り組んでみましょう。

　以降では、まず、社会科学における実証分析を行う際、その結果が因果関係とは主張できない原因となりうる問題点を挙げていきます。これらは自分が問題点に対処する際だけでなく、授業や仕事で見聞きしている分析や議論を自分で考える際にも有用です。続いて、それぞれに対応する手法のうち、代表的なものの基本的な考え方を紹介します。どのようなデータがあれば適用可能かについても説明しているので、そこまでを踏まえて自分の分析に適用可能か判断してください。

7.2　実証分析をするうえで発生しうる問題点

　社会科学における実証分析を行う際、その結果が因果関係とは主張できない原因となりうる主な問題点は表 7 - 1 [1] の通りです。

様々な状況や要素をコントロールできていない

　前節で説明した通り、観察データを用いることによる大きな問題は、目的外の状況や要素を統一・コントロールしたデータではないため、原因と考える変数と結果と考える変数のみの関係性を確認しても、因果関係を示しているわけではないということです。この点については、第 2 章でも述べられている通り、基本的な計量経済学で学ぶ重回帰分析の出番です。被説明変数に関係している他の要因を説明変数として追加することで、コントロール可能になります。この点からも、社会科学の観察データを用いる際は単回帰分析よりも重回

1）他にも、回帰不連続デザインや自然実験という手法が挙げられます。ただしこれらは意図せずして生まれた比較可能な状況を活用する手法であり、どのような問題意識にも適用できるわけではありません。これらの手法の詳細については、より専門的なテキストを参照してください。

表7-1　問題点と対処方法

問題点	対処方法
様々な状況や要素をコントロールできていない	重回帰分析 （を基本とする以降の手法）
逆の因果関係の存在	**操作変数法**
観測不可能な要素の存在	パネルデータ分析
不適切な比較対象の選定	**差分の差分法、マッチング**

帰分析を使うべきと言えます。ただし、因果関係の確認という観点からは十分ではないため、以降で紹介するより発展的な手法にチャレンジすることで、改善することが可能になります[2]。

逆の因果関係の存在

　続いての問題点としては、想定している因果の方向だけでなく、実は逆の因果の方向も存在する場合です。例えば、第2章でも挙げられている、犯罪対策として「警察官の数を増やすと犯罪の数が減る」という負の関係があるという仮説を検証したいとします。警察官の配置について実験を行うことはなかなか難しいため、実際の自治体や地域ごとの警察官数や犯罪数の観察データを入手して分析することになります。そうすると、この観察データの中には、「犯罪の数が多いので警察官の数を増やした」という逆の因果関係、しかも検証目的である負の関係とは逆の正の関係が内包されている可能性が高くなります。それを考慮しないまま、警察官の数と犯罪の数の関係を分析すると、正の関係と負の関係が打ち消しあい、一見すると関係なさそうな結果が得られてしまいます。本当は負の関係があったとしても、この分析結果に基づくと「警察官の数

2）多くの因果推論の書籍では、重回帰分析は他の手法が利用できない場合の緊急避難的な手法として扱われることが多くなっています。しかし、これから実証分析を始める人が最初から高度な手法にチャレンジすると、うまくいかない場合の原因や改善策に見当がつかず、逆に遠回りになってしまいます。分析結果が改善されていくのを確認するためにも、実際の分析時にはシンプルな重回帰分析から始め、そこから徐々に発展的な手法に取り組みましょう。

を増やしてもあまり意味がない」という誤った判断をしてしまいかねません。

　このように、警察官の数と犯罪の数がお互いに影響しあう内生変数である場合、求められた分析結果では因果関係を主張できなくなります。このような状況から発生する問題を内生性と呼び、主に操作変数法という手法で対応します。

観測不可能な要素の存在

　3つ目の問題点は、必要な情報が観測不可能であることが多い点です。重回帰分析を用いれば、様々な状況や要素をコントロールしたうえで、注目したい関係性をより丁寧に検証することが可能になります。しかし、分析者にとってあらゆる情報が入手可能なわけではありません。例えば、「学歴が高いと所得も高い」という正の関係があるという仮説を検証したいとします。学歴も所得も多くのアンケート調査で聞いているので、データとして入手可能です。所得を被説明変数、学歴を（一般的にダミー変数として）説明変数として回帰分析を行うと、統計的に有意な正の関係が確認できるでしょう。では、この結果をもって先ほどの仮説が証明できたと主張できるかというと、実はまだ説得力は高くありません。このような仮説の検証に取り組んでいる多くの研究では、個人個人の潜在能力やIQ、両親の学歴や家庭環境などが重要としています。例えばIQであれば、IQが高いほど学歴も高くなる傾向があると同時に、IQが高いことでより収入の高い職に就くことができるという傾向があります。つまり、このような他の要因が学歴と所得の両者に作用することで同時に動いているように見えているだけであり、実は学歴と所得の間には関係がないのではないか、という可能性があるわけです。この問題に対して、アンケート調査で同時に情報が入手可能であれば、重回帰分析の形でそれらを説明変数に追加することで対応可能です。両親の学歴や家庭環境の一部はそれでコントロールできるかもしれません。しかし、IQは測定が非常に大変ですし、潜在能力などはもはや測定することができません。

　このように、注目したい説明変数と被説明変数の間に因果関係が存在するかを検証するのに、それを邪魔してしまう要素が存在し、しかもその要素の一部がデータとして観測できないとなると、因果関係の検証ができなくなってしま

うという問題が発生します。こういった状況の対応策の1つとして、パネルデータ分析が有用です。

不適切な比較対象の選定

4つ目の問題点は、効果の測定を行いたいとして何らかの比較分析を行う際、不適切な比較対象を選定してしまいがちなことです。具体的な施策の効果を測定したい場合、その施策の実施前後や実施対象・非対象で大きく分割できる状況が多いでしょう。実施前後に分けられる場合はその前後比較、実施対象・非対象で分割できる場合はそのグループ間比較をもって、効果の測定とするものが多く見受けられます。はたして、この比較分析は、施策の効果を適切に表現できているでしょうか。

本来、比較分析は「注目したい違い（この場合は施策）以外は同じ状況下での比較」であることが必要です。注目したい違い以外にも違いがあると、比較の結果が何によって生じたものなのか判別がつきづらくなり、原因と結果の関係の説得力が落ちてしまいます。例えば、冒頭のラットを用いた投薬の効果の検証を考えてみましょう。一般的な実験では、ラットを2グループに分け、一方のグループには投薬し、もう一方のグループには投薬せず、その健康状態の数値を比較します。比較の結果、有意な差が確認できればその投薬が原因、つまり投薬が有効だと判断を行います。ここで重要なのは、違いが生じたのは投薬のせいだと主張するために投薬以外の要素をそろえることであり、ラットを用いた実験ではその点に非常に気を遣っています。しかし、社会科学において入手可能な観察データでは、このように前提条件をすべてそろえることは不可能です。それにもかかわらず、「施策の実施前後で条件は同じである」「実施対象・非対象のグループ間で前提条件は等しい」とかなり無理のある仮定を無意識に置いて比較をしているのが単純な比較分析です。

社会科学における観察データでも、少し比較対象に工夫を行うことで前提条件をできるだけそろえ、因果関係に近づくことのできる手法が存在します。そのうち使いやすいものとして、ここでは差分の差分法（Difference-In-Differences：DID）とマッチング法を紹介します。

以上の問題点は、どのような分析をする際にも多かれ少なかれ必ず存在しま

す。近年の経済学における学術研究ではほぼ確実に言及・対処されており、最近のノーベル経済学賞のいくつかは、これらの対処により説得力の高い知見が得られたことを理由としての受賞です。自分の検証したい仮説に対して利用可能なデータで分析を行い、仮説と整合的な結果が得られるとそこで満足してしまいがちですが、ここまで挙げてきた問題がないか一度振り返って確認してみてください。当てはまる問題点がある場合は、以降の対応する対処方法が適用できないか検討してみましょう。

7.3　発展的な手法

　ここからは、7.2節で見てきた問題点への具体的な対処方法について紹介します。いずれも厳密な理論的説明ではなく、目的と適用場面をイメージするための概念の説明が中心です。前節で自分の分析に起こりうる問題点を確認し、本節でその対処方法のイメージがつかめたら、必要に応じてより詳細な計量経済学のテキスト[3]と実例の学術論文を参照しながら、統計ソフトの操作方法のテキストに移ってください。

操作変数法

　前節では、逆の因果関係が存在する際、説明変数と被説明変数がお互いに影響しあうことになり、両者が内生変数となって問題になると説明しました。この点をもう少し詳しく見ていきましょう。

　例えば、「警察官の数を増やすと犯罪の数が減る」という負の関係があるという仮説を検証したい場合、説明変数側に警察官の数 X、被説明変数側に犯罪件数 Y を置く回帰式(7-1)を推定することになります。

$$Y = \beta_0 + \beta_1 X + \varepsilon \qquad (7\text{-}1)$$

しかし、ここには逆の因果関係である「犯罪の数が多いので警察官の数を増や

3）因果推論を実例を交えてより詳しく説明しているものとして、Angrist and Pischke（2009）（邦訳は、大森他〔2013〕）があります。また、因果推論を含め、計量経済学全般について広く説明しているものとして、西山他（2019）があります。

した」という影響が存在するかもしれず、その場合は X を被説明変数に、Y を説明変数側に置いた回帰式(7-2)も成立することになります。

$$X = \gamma_0 + \gamma_1 Y + u \tag{7-2}$$

この両方の関係性が成立し、逆の因果関係が存在すると、最小二乗推定量が望ましい性質を持つための条件のうち、「説明変数と誤差項の間には相関はない」(p.65の〔仮定4〕)という仮定が満たされなくなります。例えば(7-1)式における誤差項 ε の一部として、各自治体の財政状態が改善されたとします。この誤差項の上昇は、(7-1)式の被説明変数 Y を高めますが、同時に(7-2)式の説明変数の上昇を意味します。さらに、それは(7-2)式の被説明変数 X を高めることにつながり、(7-1)式の説明変数 X の上昇を意味します。このように、逆の因果関係が存在すると、誤差項の変化がもう一方の式を経由して説明変数に作用し、説明変数と誤差項が相関関係を持ってしまいます。この状況は、犯罪件数 X が想定しているモデルの内部（ここでは(7-2)式）で決まることから発生しているため、この問題を**内生性**と呼びます。内生性が発生している場合は、最小二乗推定量が BLUE とならず、推定結果が偏りを持ち信頼できなくなります。

　この内生性に対処するため、**操作変数法**という手法が用いられます。操作変数法の概念を理解するため、歯車の図をイメージしてみてください（図7-1）。2つの歯車がかみ合い、同時に動いていることが想像できますが、これだけではどちらの歯車にどの程度力が加わったため動いているか、判断することができません。これが逆の因果関係が存在したまま、最小二乗法により求められた結果を示しています。

　ここで、右側の歯車が動いた〝せいで〟左側の歯車が動き出したこと（右から左への因果関係）を確認するために、右側の歯車の下に新たな歯車をかみ合わせます。これが**操作変数**です。この操作変数の歯車は、右側（説明変数）の歯車とはかみ合っていますが、左側（被説明変数）の歯車とはかみ合っていません。この状態で操作変数の歯車に力を入れて動かしてみると、直接的には右側の歯車だけが動き出します。ここで左側の歯車の動きを確認します。操作変数の歯車は左側の歯車とはかみ合っていないので、本来であれば動かないので

図7-1　操作変数法のイメージ

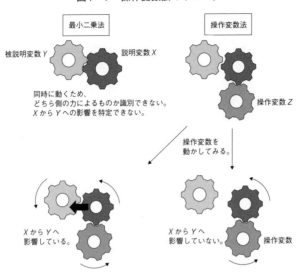

すが、同時に動き出したのであれば、それは操作変数の歯車が動いたのと同時に動き出した右側の歯車のせいであり、右側の歯車が動いた〝せいで〟左側の歯車が動き出した、右から左への因果関係があると主張できます。一方、左側の歯車が動いていないのであれば、操作変数の歯車と同時に右側の歯車が動いているのに、それが左側には作用していないとして、右から左への因果関係はない、と確認できます。つまり、操作変数法というのは、説明変数とは相関しているが、被説明変数とは直接的には相関していない[4]新たな変数を操作変数として用意し、その特性を活かして説明変数から被説明変数への因果の方向を特定し、偏りのない係数を求める手法です。

具体的な計算方法としては、二段階最小二乗法が用いられます[5]。二段階最

4）厳密には、誤差項と相関していないことが条件です。ただし、ここではイメージ図による説明にあわせるために、被説明変数と直接的には相関していないと説明しています。操作変数を探す際にも、誤差項と相関がないものとして探すより、被説明変数と直接的には相関していないものとして探す方が、イメージがしやすくなります。

5）他にも、一般化モーメント法（Generalized Method of Moments：GMM）なども用いられます。

小二乗法はその名の通り、最小二乗法を2回行う推定方法です。一段階目は、内生変数 X を左辺に、操作変数 Z を右辺に置いた以下の回帰式を推定します。

$$X = \theta_0 + \theta_1 Z + e \qquad (7\text{-}3)$$

この推定結果に、各主体の Z の具体的な値を代入することで、各主体の X の予測値 $\widehat{X}$ を計算することができます。二段階目は左辺に Y、右辺に実測値 X ではなく予測値 $\widehat{X}$ を用いた以下の回帰式を推定します。

$$Y = \beta_0 + \beta_1 \widehat{X} + \epsilon \qquad (7\text{-}4)$$

この式で得られた β_1 は、最小二乗法の係数とは異なり、内生性による問題を取り除いた状態での係数と考えられます[6]。この一連の計算手順は自分で行うのではなく、統計ソフトで用意されている操作変数法のパッケージを用いることで、簡単に計算可能です。

　操作変数法を実施するために分析者が行う必要があるのが、適切な操作変数の選定です。前述の通り、操作変数の条件として、説明変数とは相関があり、被説明変数とは直接的には相関していないものを選ぶ必要があります。例えば、前述の警察官の数と犯罪の数を分析した先行研究では、自治体の消防士の数や、財政関連の変数が用いられています[7]。しかし、どのような状況でも操作変数を思いつけるとは限りません。また、思いついたものが幸いデータとして入手可能だったとしても、誤差項と相関していたり、説明変数との相関が弱かったりすることなども起こりえます[8]。操作変数の選び方次第で結果が大きく変わってしまうこともあるため、計算結果が得られたら終わりではなく、操作変数に問題がないかの確認や、論文中での丁寧な説明を心がけるようにしま

6）この計算方法でなぜ内生性を取り除くことができるのかについては、計量経済学のテキストを参照してください。

7）消防士の数は Levitt（2002）、財政関連の変数は Evans and Owens（2007）などで用いられています。いずれも、警察官の数とは相関する一方で、犯罪の数とは直接的には相関しないと考えられています。

8）操作変数が適切かどうかについては、弱相関検定や過剰識別制約検定などで確認するのが一般的です。

しょう。

パネルデータ分析

　第 4 章で説明したように、時系列データと横断面データの特性を兼ねそろえ
たものが**パネルデータ**です。自治体レベルや国レベルのデータであれば、様々
な指標が毎年のように定期的に調査・公開されており、パネルデータの構築は
比較的容易にできます。家計データや企業データについても、主要な大規模ア
ンケート調査であれば同一主体に継続的に調査を行っており、パネルデータと
して扱うことを前提にデザインされていることも多くあります。

　パネルデータが入手可能なのであれば、観測不可能な要素のうち、個体ごと
に固有の効果（固定効果）を取り除くことが可能になります。説明のために、
注目したい被説明変数 Y_i と説明変数 X_i の間で、以下のような回帰式が構成
されるとします。

$$Y_i = \beta_0 + \beta_1 X_i + \gamma_i + \varepsilon_i \tag{7-5}$$

γ_i が固定効果であり、ε_i はそれ以外の観測されていない要素が含まれる誤差項
です。最小二乗法の結果が信頼されるためには、説明変数 X_i と誤差項 ε_i が無
相関という条件（p.65の〔仮定 4〕）が必要です。

　ここで、もし固定効果 γ_i が説明変数 X_i と相関していたら、どのようなこと
が起こるでしょうか。固定効果がデータとして観測可能なのであれば、説明変
数として追加することで対処可能です（もちろん、多重共線性の問題には気を
つけなければいけません）。しかし、固定効果のうち前述のような潜在能力や
IQ といった、観測不可能な要素も多く存在しています。固定効果の一部が説
明変数と相関していて、かつ観測不可能である場合、誤差項の一部に含まれて
しまうため、説明変数と誤差項の間に相関が生まれ、最小二乗法の結果を信頼
することができなくなってしまいます。

　この問題を解決するために、パネルデータが有効です。まず、分析に適用す
るために、回収したデータを図 7-2 のような形に整形します。自治体や国レ
ベルの集計データであればこのような加工が必要なのに対し、パネルデータと
して収集・公開されている個票データの場合は、すでに整形済みである場合も

図7-2　パネルデータの構築

2019年データ

主体番号	変数1	変数2
A	○○	○○
B	○○	○○
C	○○	○○

2020年データ

主体番号	変数1	変数2
A	○○	○○
B	○○	○○
C	○○	○○

2021年データ

主体番号	変数1	変数2
A	○○	○○
B	○○	○○
C	○○	○○

主体番号	年	変数1	変数2
A	2019	○○	○○
B	2019	○○	○○
C	2019	○○	○○
A	2020	○○	○○
B	2020	○○	○○
C	2020	○○	○○
A	2021	○○	○○
B	2021	○○	○○
C	2021	○○	○○

多くあります。

　ここでのポイントは、時系列方向にも横断面方向にも、同じ変数であれば縦に並べることです。統計データの入手元によっては、時間が異なれば別の列として表示されていることがあるので、縦に並べ直すという加工が必要です[9]。また、時間軸を示す変数がない場合は、加工時に自分で用意する必要があります。

　パネルデータ分析の際は、回帰式は以下のような形に変化します。

$$Y_{it} = \beta_0 + \beta_1 X_{it} + \gamma_i + \varepsilon_{it} \tag{7-6}$$

一見(7-5)式と同じですが、変数 X, Y に時間を示す t の添え字が追加されて

9）なお、主体と時間が識別できていれば、どのような順番で並べるかは気にしなくても構いません。統計ソフトに、主体を示す変数と時間を示す変数を認識させることで、統計ソフト側が自動で並べ替え、パネルデータ分析に必要な計算を行ってくれます。

います。固定効果は個体特有の効果であり、時間により変化しないものを想定し、t の添え字は付いていません。式ではこのように表せますが、ここでそのまま最小二乗法を適用しても、$\gamma_i + \varepsilon_{it}$ がまとまってしまい、説明変数と誤差項が相関するという問題は解決されません[10]。ここで、同じ主体 i について複数時点のデータが含まれるパネルデータから、各変数の主体 i ごとの平均値を計算して用いることで、対処することができます。注目したい回帰式について、主体 i ごとの平均値を用いた形で表すと、以下のようになります。

$$\bar{Y}_i = \beta_0 + \beta_1 \bar{X}_i + \bar{\gamma}_i + \bar{\varepsilon}_i \tag{7-7}$$

ここで、固定効果 γ_i は時間の経過により変化しないものを想定しているので、$\bar{\gamma}_i = \gamma_i$ となります。これを踏まえて、(7-6) 式から (7-7) 式を引くと、$\gamma_i - \bar{\gamma}_i = 0$ となり、最終的に以下の形になります。

$$(Y_{it} - \bar{Y}_i) = \beta_1 (X_{it} - \bar{X}_i) + (\varepsilon_{it} - \bar{\varepsilon}_i) \tag{7-8}$$

この (7-8) 式の形のように、被説明変数と説明変数を、それぞれの主体ごとの平均値を引いたものに置き換えることで、固定効果を除去できることがわかります。固定効果を除去することで、説明変数と誤差項の間の相関がなくなり、求めたかった β_1 を内生性がない形で推定することが可能になります。この (7-8) 式の形を**固定効果モデル**と呼びます[11]。

　このように、パネルデータに対して固定効果モデルなど[12]を使って固定効果を除去し、β_1 をより精確に計算する取り組みを、一般的にパネルデータ分析と呼びます。実際に適用する際は、平均値や上記の式を自分で計算する必要はなく、Excel 以外の統計ソフトであれば自動で計算してくれるパッケージが

---

10) パネルデータを用意していても、同じ主体を識別可能であるという特性を生かさず、単に主体が増えたとして横断面データとして扱う場合、プールドクロスセクションデータと呼ぶことがあります。

11) 厳密にはグループ内推定量（within estimator）と呼びます。この他にも、すべての主体をダミー変数で識別する最小二乗ダミー変数（Least Squares Dummy Variable：LSDV）推定や、階差モデルによる表現、グループ間推定量（between estimator）などの方法がありますが、いずれも複数時点のデータを用いて観測不可能な固定効果を除去する方法であることは共通です。

図7-3　パネルデータのチェックポイント

主体番号	年	変数1	変数2	変数3	変数4
A	2019	○○	○○	○○	
B	2019	○○	○○	○○	
C	2019	○○	○○	○○	
A	2020	○○	○○	○○	○○
B	2020	○○	○○	○○	○○
A	2021	○○	○○		○○
B	2021	○○	○○		○○
C	2021	○○	○○		○○

2019年に変数4が調査されていない

2021年に変数3が調査されていない

主体Cが2020年に未回答

用意されていますので、そちらを利用して推定します。分析者が行うのは、前述の通り、パネルデータの用意と、その中に主体を示す変数と時間を示す変数を用意することです。統計ソフトは、これらの情報を用いてどのデータが同じ主体かを認識し、平均値の計算などを行います。また、このときに用意するパネルデータは、すべての主体で同じ期間がきちんとそろっている必要はありません[13]。

　図7-3は、パネルデータのイメージ図とチェックポイントを示しています。この例では、主体番号Cが2020年に存在しておらず、このデータはアンバランス・パネルデータです。実際のパネルデータはこのように一部の主体や変数が欠損していることが多く、バランス・パネルデータであることは稀です。また、2021年に変数3、2019年に変数4が未調査となっています。このように、

---

12) 固定効果項と誤差項の間に仮定を置いたうえで一般化最小二乗法を適用する、**変量効果（Random Effects：RE）モデル**もあります。固定効果モデルとどちらを採用すべきかハウスマン検定により判断を行うことができますが、近年ではそもそも最初から固定効果モデルのみで分析を行っている研究も多く、教科書などでも固定効果モデルの説明が中心、あるいは変量効果モデルの説明を思い切って省略しているものもあります。これらの手法のより詳細な説明については、計量経済学のテキストを参照してください。

13) バランス・パネルデータを用いている場合に比べ、アンバランス・パネルデータを用いる場合は計算方法がより複雑になります。ただし、統計ソフトによるパネルデータ分析を実施する場合、アンバランス・パネルデータの場合でも適切な推定手法を自動的に選択してくれるので、無理にバランス・パネルデータにそろえる必要はありません。

すべての年ですべての変数がそろうとは限りません。もしこのようなパネルデータを構築した場合、変数 1 から変数 4 すべてを用いて固定効果モデルによる推定を行おうとしても、すべての変数がそろうのは 2020 年のデータのみとなり、実質的には単なる横断面データを用いた OLS 推定をすることになります。この場合にパネルデータ分析を実行するためには、可能であれば変数 3 か変数 4 を復元する、難しい場合はいずれかを分析から落とすという処理が必要になります。いずれにせよ、パネルデータのつもりで構築をしても、元データの都合上パネルデータ分析に用いるのが難しい場合があることを念頭に置き、構築後のデータの構造や、分析後にどのようなデータが使われたのか確認することが重要です[14]。

差分の差分法

　差分の差分法（DID）は、普段の生活でも利用することのある「前後比較」を応用したものです。単純な前後比較は計算が容易なのですが、その前後で注目したい施策「以外」の効果も含まれており、注目したい施策の効果であると主張することは難しくなります。そこで、その前後での変化を、注目したい施策による影響と、施策がなくても変化したであろう部分に分けて考えます（図 7 - 4 左）。施策がなくても変化したであろう部分については実際には計測できませんので、ここを他のデータを使って置き換えよう、というのが DID の考え方です[15]。

　例えば、同じ県・都市の中でも一部地域にだけ適用される政策が近年増えています。経済集積や効率化のために行われる、経済特区の設定や中心市街地の活性化政策などで、これらの多くは地域の特性を考慮してそれぞれの自治体が独自に行っています。有効であれば他地域にも推奨する価値があるため、その

14）目視することが理想ですが、サンプルサイズや変数の数が大きいデータセットの場合は物理的に難しいので、各変数の記述統計量や簡易的なクロス表を作成して確認することを推奨します。

15）注目する施策がなかった場合の値を他のデータで置き換えようというのは、DID に限らず、因果推論の中でも特にルービン型の因果推論で共通して用いられる概念で、反実仮想（もしくは反事実〔counterfactual〕）と呼ばれます。

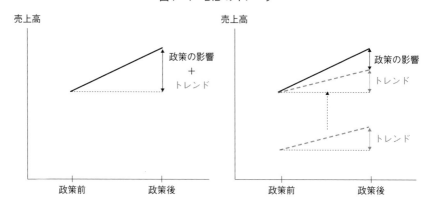

図7-4　DID のイメージ

効果の検証は有益です。そこですぐに思いつきそうなのが、政策地域内の企業の売上高が政策実施前後でどう変化したのかを観察するというやり方です。しかし前述の通り、政策がなくても売上高が変化していることが考えられ、単純な前後差だけでは政策の効果と主張することはできません。ここで、政策対象外の地域の企業に目を向けてみましょう。あまりにかけ離れた企業であれば難しいですが、対象外ではあるものの、比較的近隣・似たような地域の企業がその期間中どの程度変化していたかを観測できれば、それを何もなかった場合の変化とみなしてしまおう、というわけです。

　これを図示したのが、図7-4です。左の図は単純な前後比較を示しており、その差は政策の効果と自然変化（トレンド）が内包されており、識別することができません。右図は、政策対象外のデータを用いてその前後差をトレンドとみなし、その部分を引くことで、残った部分を政策の効果とみなしています。このように、両群で前後差をとり、さらにそのグループ間で差をとる、という操作を行っているため、DID と呼ばれています。

　このように、DID は非常にシンプルな考え方で容易に実施可能な、因果効果の検証方法と言えます。実施に最低限必要な条件としては、確認したい施策の対象・非対象が明確に分かれるものであること、対象・非対象それぞれのグループで施策前後の期間の情報が集まることです。また、施策の対象となるグループを処置群、非対象で比較相手となるグループを対照群と呼びます。

図 7-5　DID のイメージ図と各係数の対応

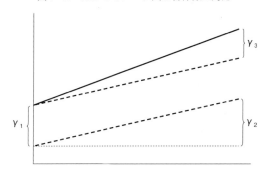

　DID は直接計算することも可能ですが、これまで本書で説明してきた回帰分析中に取り入れることで、より精確に実施することができます。2 時点以上の横断面データが入手可能であることを前提に、以下の回帰式を推定します。

$$Y_{it} = \beta_0 + \beta_1 X_{it} + \gamma_1 D_1 + \gamma_2 D_2 + \gamma_3 D_1 \cdot D_2 + \varepsilon_{it}$$

ここで、D_1 は処置群と対照群を表すダミー変数（処置群 = 1）、D_2 は施策が行われた時間とその前を識別するダミー変数（施策実施後 = 1）とします。図 7-5 では、各係数がどの部分を説明しているかを示しています。この式では、処置群と対照群の差は $\gamma_1 D_1$ で表され、両者に共通の時間経過による変化（トレンド）は $\gamma_2 D_2$ で表されています。求めたい DID 部分は、これらを取り除いた後、処置群のみかつ施策実施後のみに現れる部分です。処置群かつ政策実施後はそれぞれのダミー変数の交差項である $D_1 \cdot D_2$ で表されており、その係数 γ_3 が DID 部分を示しています。この部分が統計的に有意であれば、この施策の因果効果が存在すると解釈できます。

　この DID は、コンセプトと回帰分析中で用いるダミー変数が何を示しているか理解できれば、統計ソフトの専用のパッケージは不要で、ダミー変数を組み合わせた重回帰分析として実行可能です。ただし計算ができたとしても、DID が因果関係を示せているとは限りません。処置群と対照群があまりにもかけ離れた特徴を持っていると、比較対象として不適切であり、この点については分析者がしっかり考えて判断する必要があります。特に、トレンドを同じ

とみなすのが DID のコンセプトなので、何もなかったとき（政策実施前）の
トレンドが同じ（平行）であるという**平行トレンド仮定**[16]が満たされている
必要があります。DID は計算が容易な分、前提条件を丁寧に確認する必要が
あるという意味で、分析の実施には注意が必要です。

マッチング

　複数時点のデータが入手できず、パネルデータ分析や DID が実施できない
場合でも、**マッチング**という手法で因果関係に近づくことが可能です。7.2節
で説明している通り、因果関係に近づくためには適切な比較対象を選ぶことが
重要で、単純なグループ間比較では、一方のグループに何かしらの偏りがある
可能性が残ります。そこで、両グループから「似ている」と思われる主体を選
別（＝マッチング）し、それらのみを残してグループ間比較を行うのがマッチ
ング法です。

　例えば、とある参加任意の教育プログラムの効果を検証したい場合、一般的
には参加者と不参加者のグループ間比較が行われます。しかし、よく考えてみ
ると、わざわざ任意のプログラムに参加する学生はやる気とそれに伴って能力
が高めの学生が多く、教育プログラムのおかげではなくそもそも能力が高い学
生が多かったことで、差が生まれているかもしれません。そこでマッチング法
では、教育プログラムとかかわらない情報を用いて比較を行い、似ていると思
われる主体のみに限定します。そうすることで、やる気や能力が偏っているこ
とによる影響をできるだけ排除し、教育プログラムによる差だけに近づけるこ
とができます（図7-6）。

　マッチング法でポイントとなるのは、複数種類の観察データから、どのよう
にマッチング相手を見つけてくるのかという点です。例えば1種類のデータで

16）政策前の複数時点のデータがあれば、平行トレンド仮定の確認を試みることができま
　　す。政策前よりもさらに以前の期間を1とするダミー変数を新たに作成し、それと D_1
　　の交差項を追加することで、「政策前よりもさらに以前の処置群と対照群の差」を表現
　　することができます。この変数が統計的に有意であれば、政策以前のトレンドに違いが
　　あることになり、平行トレンド仮定が満たされません。一方で、統計的に有意でなけれ
　　ば、必ずしも平行ということが証明されたわけではありませんが、ひとまず平行トレン
　　ド仮定が満たされているとみなして議論を進めてもよいでしょう。

図7-6　マッチング法のイメージ

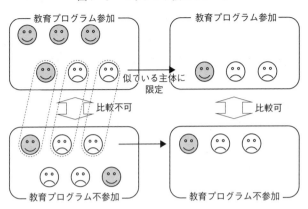

あれば、単純に最も近い値の主体をマッチング相手として選ぶのが適切でしょう。しかし社会科学では各主体には様々な違いがあり、1種類のデータにだけ注目して近い主体を探しても、必ずしも比較対象として適切ではありません。複数種類の観察データを比較しながら似たような主体を探すのは、非常に煩雑で難しく、もう少し簡便な手法を利用するのが近道です。

　マッチング法を採用している多くの論文では、**傾向スコア**（プロペンシティスコア）と呼ばれるものを算出し、マッチングを行っています。傾向スコアを計算するために、まずは被説明変数にその施策の処置群か対照群かを示すダミー変数、説明変数には似たマッチング相手を探すための材料となる複数種類の変数（共変量）を用いたロジットモデル（第3章）を推定します。係数が推定されたロジットモデルに、各主体の共変量の具体的な観測値を代入することで、各主体の被説明変数の予測値が求められますが、これが傾向スコアになります[17]。つまり、多くの変数を同時に比較してマッチング先を探すことは極めて難しいため、それらの変数をロジットモデルをもとに傾向スコアという1変数に集約し、比較を容易にしているのです。マッチング相手を選定したら、改めて処置群と対照群が比較可能かチェックする必要があり、これをバランステストと呼びます。バランステストにはいくつかのやり方がありますが、共変

17）さらに理論的な説明については、計量経済学のテキストを参照してください。

量の平均や分散が両群で近い値を示しているかの確認[18])や、傾向スコアの分布が近いかどうか作図して示す、などのやり方が取られます。

問題なくマッチングできていると判断できれば、あとは影響を受ける変数（アウトカム変数、回帰分析で言う被説明変数）の比較を行います。シンプルな分析では回帰分析は不要で、アウトカム変数のグループ間比較を行い、平均値の差の t 検定を行うことで影響の有無を判断することができます。事前のサンプルの選別で工夫を行うことで、結果の確認はシンプルに見せることができる、というのもマッチング法の特徴です。傾向スコアに基づいてマッチングを行ったうえで違いを確認する手法を、**傾向スコアマッチング**（Propensity Score Matching：PSM）と呼びます。

さらに発展的な手法として、複数時点のデータが入手できれば、DID と組み合わせることも可能です。DID では施策対象と非対象の主体の前後差を比較していましたが、施策対象と非対象の主体が比較可能かどうかについては、平行トレンド仮定を考えるに留まっていました。ここで紹介したマッチングを行うことができれば、マッチングで比較可能な主体を選別をしたうえで DID を行うことができ、より因果効果に近づくことができます。マッチングを傾向スコアで行ったうえで DID を実施する手法を、PSM-DID と記述している研究も多く存在します。

＊　　　＊　　　＊

以上の紹介を踏まえたうえで改めて基本的な回帰分析を見直してみると、最小二乗法は不完全で信用できない手法のように見えてしまうかもしれません。しかし、重回帰分析であれば様々な要因を同時にコントロールすることができ、他の手法よりも精度は落ちるものの因果関係に近づく手段の 1 つと考えられます。加えて、因果関係の検証には不十分だとしても、分析結果が因果関係の可能性を含んだ相関関係であることを念頭に置いた解釈を行うことで、十分に意義のある発見ができます。近年の ISFJ の上位の論文でも、パネルデータ

---

18) 標準化差が0.1未満に小さくなっている（平均値が近くなっている）こと、分散比が1（同じ分散）に近づいているか、などが一般的に確認されます。

分析や DID、マッチングを適用している分析が多くなってきているものの、必ずしも必要というわけではありません。限られたデータを最小二乗法で分析し、結果の解釈を丁寧に行うことで、高度な手法を適用した研究よりも高い評価を受けているものも多く存在します。無理に高度な手法を使うことにこだわることなく、データの限界を真摯に受け止め、問題意識に合う手法の選択を心がけてください。

7.4　発展的な手法を用いる際の分析手順

　第 2 章と第 3 章の基本的な手法を踏まえ、この章で自分たちの主張の説得力を高めるための重要ポイントと、目指していく分析手法がイメージできたのではないかと思います。その分析手法を適用するためのデータの用意と、統計ソフトの操作方法がわかれば、実際に適用可能です。

　ここで気をつけてほしいのが、初めから多くの説明変数を入れて推定したり、目標とする分析手法をいきなり適用したりすべきでない、ということです。発展的な分析手法を学ぶと、ついそれをすぐに試してみたくなり、実施できるのであれば遠回りせずにさっさと結果を出したい、と考えてしまうでしょう。それを我慢し、まずは必要最小限の説明変数だけを入れたモデルや、基本的な最小二乗法による推定から始めてみましょう。

　例えば、最終的に20個近くの説明変数を入れて分析を行いたいとします。いきなりこれらの説明変数をすべて使った回帰分析を行っても、想定した符号と逆であったり、先行研究で言われていることが再現できなかったりと、往々にしてうまくいきません。第 2 章で述べられている通り、説明変数が少ないと欠落変数バイアスの可能性が、逆に多すぎると多重共線性の可能性があり、そのバランスをとりながら変数を選択していくのが重回帰分析の最も難しいところです。最初からすべての変数を入れて分析してしまうと、結果に納得がいかない場合、何が原因でおかしくなっているのか（この場合は多重共線性が考えられ、どの変数間の相関が高いのか）判断材料がなく、あてもなく試行錯誤することになってしまいます。まずは先行研究などを参考にしながら、被説明変数に対して確実に重要と思われるもののみを入れて分析結果を確認し、そこから

少しずつ変数を追加することで、どのように結果が変わっていくか（もしくは安定的か）を観察しましょう。結果がおかしくなった場合でも、どの変数を追加したタイミングかがわかるので、データ加工の誤りや多重共線性の存在に気づきやすくなります。

　また、発展的な手法というのは、最小二乗法などの基本的な手法に問題があるからこそ適用されるものです。特に問題がなければ発展的な手法を使う必要はなくなります[19]。初めから発展的な手法を用いると、それがどう結果を改善しているのか、あるいは実は最小二乗法と結果がほぼ変わらず、発展的な手法が不要なのか、判断がつきません。まずは最小二乗法による分析結果を確認し、そのあとに同じ変数で発展的な手法を適用することで、分析結果の変化を観察しましょう。

7.5　発展的な手法を統計ソフトで実行するための参考書籍

　以上の説明により、目的と適用場面をイメージし、どのようなデータが必要かを理解できたと思います。しかし、実際にこれらの手法を適用するには、それぞれの統計ソフトの操作方法を理解する必要があります。近年では多くのデータサイエンス関連書籍が出版されていますが、特に本章で説明している手法を適用する際は、例えば以下の書籍を参照してください。また、因果推論に特化した書籍も多く出版されており、より多くの具体例に基づき説明されていますので、必要に応じてそれらも参照してください。

〔R〕

- 星野匡郎・田中久稔（2016）『R による実証分析：回帰分析から因果分析へ』オーム社
- 安井翔太（2020）『効果検証入門：正しい比較のための因果推論 / 計量経済学の基礎』技術評論社

19）発展的な手法は常に正しいわけではなく、それぞれに限界があります。むしろ、第 2 章で挙げられている古典的な回帰モデルの仮定が満たされているのであれば、最小二乗法が最も適切な手法（BLUE）となります。

〔Stata〕

- 松浦寿幸（2021）『Stata によるデータ分析入門：経済分析の基礎から因果推論まで（第 3 版）』東京図書

〔gretl〕

- 加藤久和（2012）『gretl で計量経済分析』日本評論社
- 加藤久和（2019）『やさしい計量経済学：プログラミングなしで身につける実証分析』オーム社

〔Python〕

- 原泰史（2021）『Python による経済・経営分析のためのデータサイエンス』東京図書

〔因果推論〕

- 中室牧子・津川友介（2017）『「原因と結果」の経済学：データから真実を見抜く思考法』ダイヤモンド社
- 伊藤公一朗（2017）『データ分析の力 因果関係に迫る思考法』光文社新書

参考文献

西山慶彦・新谷元嗣・川口大司・奥井亮（2019）『計量経済学（New Liberal Arts Selection）』有斐閣。

Angrist, J. D. and J.-S. Pischke（2009）*Mostly Harmless Econometrics: An Empiricist's Companion*, Princeton University Press.（大森義明・小原美紀・田中隆一・野口晴子〔訳〕（2013）『「ほとんど無害」な計量経済学：応用経済学のための実証分析ガイド』NTT 出版）

Evans, W. N. and E. G. Owens（2007）"COPS and Crime," *Journal of Public Economics*, 91 (1-2), pp.181-201.

Levitt, S. D.（2002）"Using Electoral Cycles in Police Hiring to Estimate the Effects of Police on Crime: Reply," *American Economic Review*, 92 (4), pp.1244-1250.

第8章 政策の効果検証のための手法（発展編）

第7章では、経済分析で広く用いられている回帰分析に基づく応用的な手法、および因果推論を行うための手法を紹介してきました。ほぼ観察データしか入手ができない社会科学における分析では、様々な要素を丁寧にコントロールすることで注目したい関係性を取り出すことが重要であり、そのために回帰分析や因果推論が多用されるのは自然な流れと言えます。しかし、それらも常に最適な手法というわけではなく、目的や仮説によっては他の分析手法の方が適している場合も少なくありません。あるいは、因果推論が理想的だとしても、それに適した状況やデータが入手可能でなければ、第7章で紹介した手法にこだわらず、次善の策として実施可能な手法を使ってみましょう。

この章では、政策評価や分析に応用可能な手法を、2つの視点から紹介します。1つは、政策を実施する価値があるかどうかについて、回帰分析をベースにその便益を測定し、費用と比較することで、実施する価値を判断する方法です。新しい政策の提案だけでなく、マーケティングにおける新商品の開発などにも広く用いられています。これらについては、統計分析としては基本的な回帰分析を用いますが、収集するデータやアンケート調査で工夫が必要です。もう1つは、マクロ時系列データを用いた分析です。近年は第4章で紹介しているようなミクロデータを用いた分析が主流ですが、分析テーマによっては集計（マクロ）データしか利用できないということもあるでしょう。マクロデータはミクロデータよりも時間方向に豊富に利用可能なことが多く、これまでの手法とは少し違った扱い方が必要です。また、入手可能な情報が限られることか

ら、その分、数理的にやや複雑なモデルを用いることで補われています。

　前章に引き続き、この章は分析手法の概要の紹介に留まっていますので、実際に各自の研究に取り入れる際は、より詳細なテキストや先行研究を参照してください。

8.1　費用便益分析における価値の測定

　政策案の効果分析として代表的なものに、**費用便益分析**があります[1]。政策を実施した場合の便益（Benefit〔B〕）と費用（機会費用：Cost〔C〕）を測定し、その差（B−C）が正の値、もしくはその比（B/C）が1より大きければ、便益が費用を上回るため政策を実施する価値があると判断されます。便益と費用はそれぞれ様々な項目が考えられ、できる限り具体的にリストアップして合算することが必要です。

　便益や費用の項目のうち、企業の売上や利益のようなはっきりとした数値が得られればよいですが、インフラ整備による地域住民の住環境の変化や、商品購入時の満足度などに基づく変化などはどのように数値化するべきでしょうか。このような数値化の難しい人々の選好の変化の分析方法として、仮想評価法、ヘドニック法を紹介します[2]。それぞれ使いやすい場面やデータが異なり、目的に応じて使い分ける必要があります。また、以下では主に便益の計算を想定して説明しますが、使い方を工夫することで費用の計算に用いることも可能です。

1）本節で説明している費用便益分析については、概要かつ統計分析にかかわる部分のみを紹介しています。実際に取り組む際は、背景にある部分均衡分析などの理論モデルの理解も重要なため、長峯（2014）などの教科書を参照してください。

2）他にも、政策案と類似する財・サービスの価格と数量から政策の価値を類推する市場代替法、需要関数を推定して消費者余剰を計算する方法、公園や施設への訪問回数や費用を利用したトラベルコスト法などがあります。利用可能な場面がやや限定的なので詳しくは扱いませんが、それぞれ公的機関による公共事業の評価などへの適用例が豊富に存在しています。

仮想評価法

　　仮想評価法はその名の通り、まだ実施されていない取り組みなどの仮想的な状況を評価する手法です。仮想的な状況を提示し、そこにいくらを支払うことができるかというアンケートを行い、データを収集します。例えば、ある新しい商品をいくらだったら買うかというアンケートを行ったとして、1000円と付けた人が50人、2000円と付けた人が50人であれば、平均1500円で総額15万円の価値、というシンプルな状況は想像しやすいと思います。仮想評価法は、アンケート調査の方法を工夫し、値段による人々の意思決定の変化を精緻に分析することで、価値の測定をより丁寧に行おうというものです。

　　仮想評価法では、まずどのような状況・政策を評価するのか、仮想的なシナリオを検討します。対象とする事柄は広く、環境、観光、社会資本の整備など、まだ存在しない仮想的な財・状況に特に有効です。また、アンケートで回答者に正しく価値をイメージしてもらうためには、どのような政策を想定するのかできるだけ具体的に決めておく必要があります。例えば、景観の整備事業の評価を行いたい場合は、「A県のB山の整備事業として〇〇を行う」と具体的に示し、できれば想定される変化も説明します。また、同時に多くの案を尋ねるのは難しいため、この時点でできるだけ絞っておく必要があります。

　　この状況・政策の価値を住民に尋ねたいのですが、尋ね方次第で回答者の受け取り方が異なり、それが結果に影響してしまいます。特に気をつけるべきとされているのが、**支払意思額**（Willingness To Pay：WTP）と**受入補償額**（Willing To Accept compensation：WTA）の違いです。適切な尋ね方を判断するためには両者の違いを理解しておく必要があるため、簡単な理論モデルを用いて説明します。基本的なミクロ経済学に従い、人々は所得と景観の2つから正の効用を得ているとします。ミクロ経済学における無差別曲線は、所得と景観の2軸で図8-1のように表現されます。また、当初の所得を Y_0 とします。

　　WTP は、「その政策が実施される場合、いくら支払うことができるか」を表したものです。景観はまだ改善されていないところを初期点と考えるため、景観 L_A、効用は無差別曲線 U_1 上の点 A にあります。ここで、この政策により景観が L_B に改善されると、無差別曲線 U_2 上の点 B に移動し、効用は上昇します。この点から、最低限以前と同じ効用を確保することを前提に所得を減

図8-1　支払意思額と受入補償額の違い

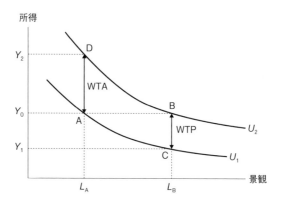

らすことを考えると、以前と同じ無差別曲線 U_1 上の点 C の位置まで所得を減少させることができます。つまり、この点 B から点 C の所得の差、$Y_0 - Y_1$ の部分が、この政策の実施に対して最大支払うことのできる金額、WTP を表します。一方、WTA は「その政策が実施されなかった場合、いくらの補償を受けたいか」を表したものです。未実施の政策ですが、景観の改善後を起点として考えるため、景観 L_B、効用は無差別曲線 U_2 上の点 B にいることを想定します。この政策が中止されることで、景観が期待よりも悪化した L_A に移ると考え、無差別曲線 U_1 上の点 A に移動し、効用は低下します。この点から、以前と同じ効用に戻るにはどの程度所得が必要かを考えると、以前と同じ無差別曲線 U_2 上の点 D まで移動する必要があります。つまり、この点 A から点 D の所得の差、$Y_2 - Y_0$ の部分が、この政策の中止を受け入れるのに必要な補償金額、WTA を表します。この両者は、無差別曲線上では同程度の幅に見えますが、現実には WTA の方が大きな値を示す傾向にあります（肥田野〔1999〕）。そのため、仮想評価法のガイドラインとして広く知られている NOAA ガイドライン[3]や、国土交通省（2009）では、WTA よりも WTP の方が望ましいとしています。

3）NOAA ガイドラインは、米国商務省海洋大気管理局（National Oceanic and Atomospheric Administration）が、仮想評価法の信頼性を高めるための要件をとりまとめたものです。

　実際にアンケートを行う際は、自由に金額を尋ねるのではなく、客観性を保つために少し変わった尋ね方をします。いくつかの聞き方がありますが、ここでは代表的な二項選択方式を紹介します[4]。二項選択方式は、質問者側から金額を提示（支払提示額）し、それに支払意思があるかどうかを尋ねる方法です。複数の提示額の候補を用意し、回答者にランダムに提示します。1人に対して複数回尋ねることも可能で、その分だけ回収できる観測数を増やすことができます。このアンケートにより、支払提示額に賛成したかどうかを示すダミー変数、それぞれの支払提示額のデータを集めることができます。また、回答者の違いを考慮するため、個人属性も忘れずに尋ねましょう。

　以上のように得られたデータは、以下のロジットモデルで分析します[5]。

$$\log\left(\frac{P}{1-P}\right) = \beta_0 + \beta_1 X_1 + \beta_2 X_2 \tag{8-1}$$

ここで、P は支払提示額に賛成する確率、X_1 は支払提示額、X_2 は個人属性を表します。実際には、被説明変数に支払提示額に賛成したかどうかを示すダミー変数を用います。一般的に金額が高いほど賛成しづらくなると考えられるため、$\beta_1 < 0$ となり、支払提示額に賛成する確率と支払提示額の関係は、図8-2のようなロジスティック曲線として描かれます。

　推定結果とこの曲線に従い、代表的個人のこの案への WTP を求めることができます。支払提示額に賛成するか反対するかが等しい確率（＝0.5）の状態を代表的個人として P に代入し、金額 $X_1 =$ の形に書き換えると、以下の(8-2)式が得られ、これが代表的個人の WTP を表します。

$$\mathrm{WTP} = X_1 = -\frac{\beta_0 + \beta_2 X_2}{\beta_1} \tag{8-2}$$

さらに、この案から便益を得ると思われる人数の総数を掛け算することで、全

　4）他にも、支払カード方式、付け値ゲーム方式、場合によっては自由回答を求める場合もあります。それぞれの具体的なやり方や特徴については、肥田野（1999）や国土交通省（2009）を参照してください。
　5）第3章では、ロジットモデルは(3-15)式のように表されていますが、本章では右辺の説明変数部分をイメージしやすいように書き換えています。

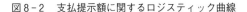

図8-2 支払提示額に関するロジスティック曲線

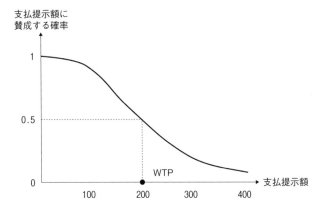

体の便益とすることができます。

　この仮想評価法の結果の信頼性を高めるポイントの1つとして、ロジットモデルをいかに精確に推定するかが重要であり、それにはやはり多重共線性や欠落変数バイアスに気をつける必要があります。専用アンケートが必要な仮想評価法では、あとからの情報の追加がほぼ不可能であるため、分析モデルを見据えた、事前の丁寧なアンケート票の構築が重要です。

ヘドニック法

　ヘドニック法は、政策や取り組みによる変化が、何かの具体的な金銭的価値に反映されているのでは、という状況で利用できます。例えば、公園や道路が整備されることで住環境が改善され、その結果、地価が上昇することが考えられます。そういった価格への影響を測定し、それを政策や取り組みの効果として評価するのがヘドニック法です[6]。仮想評価法と異なり、ヘドニック法では専用のアンケートの実施は不要で、注目したい政策の情報とその影響が反映される価格変数、同じく価格に影響すると思われる他の変数が必要となります。

　6）唐渡（2016）によると「ある商品価格をその商品のさまざまな属性の価値に関する集合体（属性の束）とみなし、回帰分析を利用してそれぞれの属性価格を推定する手法」とされており、それを政策の価値の測定に当てはめたのが本項の説明です。

既存のデータを用いる必要があることからも、ヘドニック法は事前分析よりも、政策の事後分析に広く用いられています。また、ヘドニック法はその理論的背景から、消費者の WTP を推計することができるとされています[7]。その意味で、仮想評価法と同じ目的を持つ手法と言えます。

　ヘドニック法では、被説明変数に価格、説明変数に注目したい政策とそれ以外の要因となる変数を置いた回帰分析を行います。例えば、清水（2016）では、低炭素社会実現を目的とした、不動産への環境認証制度の効果をヘドニック法を用いて分析しています。

$$P = f(G, X_1, X_2, X_3) \tag{8-3}$$

ここで、P はマンション価格、G はマンションの環境性能ラベルの有無を示すダミー変数、X_1 はマンションの建物特性、X_2 は立地の特性、X_3 は購入者の特性です。環境性能ラベル変数 G の係数が、環境性能ラベルの有無によるマンション価格の違いを示し、ここでの WTP を意味します。

　ヘドニック法は上記の例のように、主に住環境や都市計画に関する政策評価で広く用いられます。一見するとデータの構築が難しいように感じますが、近年は地理情報システム（Geographic Information System：GIS）および地理データの利用可能性が高まり、地価が得られたポイントと町丁単位の統計データの接続や、特定ポイント間の距離データの計測などを容易に行う環境が整ってきています。図8-3は、GIS ソフトウェア[8]を用いたそれらのデータの接続例であり、視覚的な接続だけでなく、内部的に各データを対応させることが可能です。GIS や地理データの利用拡大とともに、ヘドニック法を用いた政策評価も広がっていくと考えられます。

7）理論モデルの説明は本書の範囲を超えるので省略しますが、ヘドニック法を用いている多くの先行研究で説明されています。例えば金本他（1989）などを参照してください。
8）代表的なソフトウェアとして ArcGIS（有償）や QGIS（無償）などがあります。ArcGIS は提供元の ESRI ジャパンが販売している豊富なデータコンテンツに対応しているという利点があります。

図8-3 GISを用いた地図・ポイント・丁目データの接続

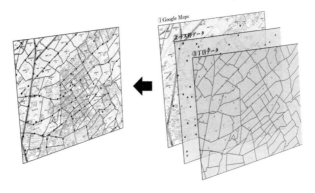

8.2 コンジョイント分析

　仮想評価法では、統計データでは表れない消費者の選好を回帰分析に基づいて測定しています。同種の手法として、商品開発で多用されているコンジョイント分析も有用です。商品開発やマーケティングの分野では、消費者に必要とされているものを明確にすることが重要で、そのためのアンケートが頻繁に実施されます。しかし、必要と答えている割には実際の売上につながらない要素だったり、思いがけないものが大きく需要に影響していたりすることも多く、聞き方を工夫する必要があります。そこで価格を含めて具体的な商品属性を明示した案を見せ、その商品を購入するかどうか（もしくは点数を付ける）という形で調査を行い、そのアンケート結果を用いて商品属性と需要の関係を明らかにしようとするのが、**コンジョイント分析**です。商品開発やマーケティングの分野で広く用いられている手法ですが、商品属性を政策案の特性とすれば、政策評価に応用することが可能になります。

　コンジョイント分析でも、仮想評価法と同じく仮想的な商品を提示し、専用のアンケートを行い、各特性と需要の関係性を明らかにすることができます。仮想評価法と異なるのは、提示する案が1つだけでなく、商品属性を組み合わせた複数案である点です。例えばテレビの新商品として、木目調でデザインされたテレビの発売を検討しているとします。白や黒であれば既存のテレビの売

図8-4　コンジョイント分析における商品案の提示パターン

色：白・黒・木目調
×
価格：5万円・6万円・7万円
×
耐用年数：6年・9年・12年
＝
27パターン

商品番号	色	価格	耐用年数
1	黒	5万円	6年
2	白	5万円	9年
3	木目調	5万円	12年
4	白	6万円	6年
5	木目調	6万円	9年
6	黒	6万円	12年
7	木目調	7万円	6年
8	白	7万円	9年
9	黒	7万円	12年

上数量を分析すればよいですが、木目調の商品が市場に存在しなければ、仮想的な商品としてアンケート調査を行う必要があります。ただし、商品価格や耐用年数などの属性にも依存するため、そういった属性が異なるパターンも含めた、仮想的な商品を複数提示します。

　ここで、テレビの色を白・黒・木目調、価格を5万円・6万円・7万円、耐用年数を6年・9年・12年を想定します。回答者に提示する商品案の数を減らすため、価格や耐用年数をいくつかの値に絞っていますが、それでもすべての組み合わせは27パターンとなり、すべてのパターンへの評価を尋ねてしまうと、回答者の負担が大きくなります。さらに提示する商品案の数を効率的に減らすためには、直交表が有用です。直交表とは、すべてのパターンを実験せずとも、一部分だけの実験でもすべての属性を同じだけ扱うことのできる組み合わせを示す、実験計画法の手法です[9]。上記の例であれば、図8-4のような9パターンの組み合わせでも各属性の分析を行うことができます。

　また、実際の購買行動にできるだけ近づけるために、商品の写真やイメージ図を付けたコンジョイント・カードを提示して、回答してもらうという方法が一般的です（図8-5）。回答方法については、すべてのカードに対して点数を

9）原理の説明は本書の範囲を超えるので省略しますが、コンジョイント分析を解説している書籍の多くで、直交表の機械的な適用方法が説明されています。例えば照井・佐藤（2013）などを参照してください。

図8-5　コンジョイント・カードによる電化製品の例示

耐用年数：12年　　　　　耐用年数：6年　　　　　耐用年数：6年
価格：7万円　　　　　　　価格：5万円　　　　　　　価格：6万円

付与してもらう方法や、すべてのカードを提示したうえでどれを購入するか選択してもらう方法があります。

　以上のアンケート調査により、それぞれの商品に対する需要と、その特性の情報を用意することができます。点数を付与してもらう方法の場合は、被説明変数に点数、説明変数に商品特性を表すダミー変数を置いた重回帰分析を行うことで、それぞれの特性と需要（点数）の関係を明らかにすることができます[10]。

　ここまで説明してきた手法について、それらの違いをまとめたものが表8-1です。これらの手法は、一般的な統計データや広く用いられている個票データではなく、分析目的に応じた専用のアンケート調査の設計や、地価や地理情報などの特殊なデータの収集が必要で、利用できる機会は限定的です。一方、実施することができれば具体的な施策・政策の評価を直接的に行うことができ、政策案に高い説得力を持たせることができます。自治体や企業による適用例も豊富なので、それらを参考にしながら積極的にチャレンジしてみましょう。

10）どれを購入するか選択してもらう方法の場合、使用するモデルは条件付きロジットモデル、混合ロジットモデル、階層ベイズモデルなど、高度なモデルが必要になります。

表 8-1 人々の選好の計測方法

計測方法	事前/事後	評価対象	データの入手方法	利用例
仮想評価法	事前	1つ（もしくは少ない）	専用アンケート	・森林保全活動の効果 ・花火大会の実施
ヘドニック法	事後	商品価格や地価に影響が表れるもの	地価や住宅価格、地域単位の集計情報	・空き家対策による地価の向上 ・観光客増加による負の影響
コンジョイント分析	事前	いくつかの属性の組み合わせとして複数存在	専用アンケート	・賞味期限や環境ラベルへの消費者の選好 ・携帯電話の契約プラン

8.3 マクロ時系列データを用いた計量分析

　現在では、計量経済分析と言えば、個別経済主体を観察単位とするミクロデータを用いたものが主流になっています。クロスセクション方向、あるいはクロスセクションと時点の両方の変動がモデルの係数の推定に利用されます。

　一方、現在のように豊富な個票データ（クロスセクションデータあるいはパネルデータ）が利用できなかった時代には、集計量（マクロデータ）の時系列データを用いた分析が中心でした。計量経済学の教科書でも、系列相関や構造変化といった時系列データに特有の現象に多くのページが割かれていました[11]。本節では、かつて主流であった時系列データを用いた分析が現在ではどのような形で行われているのかを、特に政策評価という観点から紹介します。なお、次項以降で説明する識別問題や同時方程式モデルのバイアスの問題は、時系列データを使った分析に限定されるわけではありませんが、時系列データを用いた分析の中で説明されることが多かったこともあって、ここで扱う

---

11) きちんと調べたわけではないのですが、1980年代くらいまではそのような傾向だったと思います。

ことにしました。

同時方程式モデルにおける識別問題

　最初に同次方程式モデルについて「**識別問題**」を中心に説明します。同次方程式あるいは連立方程式は、複数の変数の値が同時に決まるわけですが、経済理論に基づくモデルはほとんどがこの形になります。ミクロ経済学では、需要関数と供給関数の交点で価格と数量が同時に決定されます。マクロ経済学では、IS 曲線と LM 曲線の交点で GDP と利子率が同時に決定されます。

　具体的にある財の需要関数と供給関数を考えましょう。

〔モデル 1〕供給関数が丁度識別のケース

$$需要関数：Q_t = \alpha_0 + \alpha_1 P_t + \alpha_2 Y_t + \varepsilon_{dt}, \quad \alpha_1 < 0, \ \alpha_2 > 0 \tag{8-4}$$

$$供給関数：Q_t = \beta_0 + \beta_1 P_t + \varepsilon_{st}, \quad \beta_1 > 0 \tag{8-5}$$

Q_t は数量、P_t は価格、Y_t は消費者の所得、添え字 t は時点を表します。対応する時系列データが利用可能と考えてください。また、ε_{dt} と ε_{st} は誤差項ですが、これから説明する識別問題では誤差項が存在しなくても発生する問題です。モデルで説明する変数を内生変数と呼びます。このモデルでは Q_t, P_t が内生変数です。内生変数の数は方程式の本数に等しくなります。一方、モデルの外側で決まる変数を外生変数と呼びます。このモデルでは Y_t が外生変数です。

　さて、各変数の観察値が時系列データとして得られたとしましょう。そのデータから需要関数や供給関数のパラメータを推定することができるでしょうか。言い換えれば、Q_t を従属変数、P_t と Y_t を独立変数として最小二乗法による推定を行ったときに、その結果は需要関数の係数と解釈できるでしょうか。答えは No です。いま、需要関数と供給関数の両辺を足し合わせると、そこに現れる式は需要関数とまったく同じ変数の組み合わせになっています。これは需要関数ではありませんが、最小二乗法による推定結果はこの式を推定したものとも解釈できます。2 つの式は「観測上同等」となります。一方、この新しい式は供給曲線とは変数の組み合わせが違います。

　この点を図 8-6 で確認しましょう。3 時点のデータが利用でき、外生変数 Y_t はそれぞれの時点で値が異なります。われわれが観察できるのは○の位置

図8-6　〔モデル1〕のケース

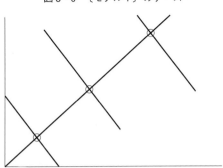

だけですが、この位置が需要関数と供給関数の交点に当たると想定しているわけです。需要関数の位置だけがシフトするこのモデルでは、観察値を使って当てはめられた直線は供給関数であることがわかります。このとき、供給関数は識別可能であると言います。需要関数と供給関数を足し合わせた関数（1次結合で得られた関数）について、供給関数とは変数の組み合わせが異なることがこのことに対応しています。一方、需要関数は識別可能ではありません。

　識別可能かどうかの判断については別の説明もできます。最初に示した需要関数や供給関数は経済の構造（この場合は単一市場の構造）を表しているので、構造方程式（**構造形**）と呼ぶことができます。それに対して、モデルを内生変数について解いた、次のような形の方程式を誘導形方程式（**誘導形**）と呼びます。それぞれの内生変数は外生変数だけの関数になっています。

$$P_t = \frac{\alpha_0 - \beta_0}{\beta_1 - \alpha_1} + \frac{\alpha_2}{\beta_1 - \alpha_1} Y_t + \frac{1}{\beta_1 - \alpha_1} (\varepsilon_{dt} - \varepsilon_{st}) \tag{8-6}$$

$$Q_t = \frac{\beta_1 \alpha_0 - \beta_0 \alpha_1}{\beta_1 - \alpha_1} + \frac{\beta_1 \alpha_2}{\beta_1 - \alpha_1} Y_t + \frac{1}{\beta_1 - \alpha_1} (\beta_1 \varepsilon_{dt} - \alpha_1 \varepsilon_{st}) \tag{8-7}$$

誘導形の係数は誘導形を OLS で推計して求めることができます（**間接最小二乗法**と呼ばれています）。

図8-7 〔モデル2〕のケース

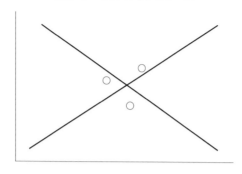

$$P_t = \pi_{11} + \pi_{12} Y_t + u_{1t} \tag{8-8}$$

$$Q_t = \pi_{21} + \pi_{22} Y_t + u_{2t} \tag{8-9}$$

ここで、推定される誘導形の係数は誘導形パラメータと呼ばれますが、この推定値から元の需要関数と供給関数のパラメータ（こちらは構造パラメータと呼ばれます）を求めることができるでしょうか。このモデルでは、供給関数についてはそれが可能であることがわかります。

$$\beta_1 = \frac{\hat{\pi}_{22}}{\hat{\pi}_{12}} \tag{8-10}$$

$$\beta_0 = \left(\hat{\pi}_{21} - \frac{\hat{\pi}_{22}\hat{\pi}_{11}}{\hat{\pi}_{12}} \right) \tag{8-11}$$

しかし、需要関数のパラメータを求めることはできません。構造パラメータは5つで、誘導形パラメータは4つですので式が1つ足りないのですが、識別可能な供給関数の構造パラメータは求めることができます。この方法で識別可能性を判断することもできます。

　もし、次のようなモデルを考えると、図8-7から明らかなように、どちらの関数も識別できません。

〔モデル2〕両関数が識別不能のケース

$$需要関数：Q_t = \alpha_0 + \alpha_1 P_t + \varepsilon_{dt}, \quad \alpha_1 < 0 \tag{8-12}$$

$$供給関数：Q_t = \beta_0 + \beta_1 P_t + \varepsilon_{st}, \quad \beta_1 > 0 \tag{8-13}$$

　次の〔モデル 3〕では、新しい外生変数 Z_t（生産技術水準）が供給関数に含まれています。2 つの関数の 1 次結合がいずれもそれぞれの関数とは異なります。〔モデル 1〕で説明したようにこの場合は識別可能ですので、需要関数も供給関数も識別可能となります。誘導形パラメータは 6 つ、構造パラメータの数も 6 つですので、誘導形パラメータから構造パラメータを一意に決めることができます。このとき、両関数は**丁度識別**可能と言います。

〔モデル 3〕両関数が丁度識別のケース

$$需要関数：Q_t = \alpha_0 + \alpha_1 P_t + \alpha_2 Y_t + \varepsilon_{dt}, \quad \alpha_1 < 0, \ \alpha_2 > 0 \tag{8-14}$$
$$供給関数：Q_t = \beta_0 + \beta_1 P_t + \beta_2 Z_t + \varepsilon_{st}, \quad \beta_1 > 0, \ \beta_2 > 0 \tag{8-15}$$

　次の〔モデル 4〕では、さらに新しい外生変数 X_t（消費者のし好）が需要関数に含まれています。両関数は識別可能ですが、モデル 3 とは若干違うところがあります。誘導形パラメータ 8 つで構造パラメータ 7 つなので、構造パラメータは 2 種類求めることができます。このようなケースを**過剰識別**のケースと呼びます。

〔モデル 4〕供給関数が過剰識別のケース

$$需要関数：Q_t = \alpha_0 + \alpha_1 P_t + \alpha_2 Y_t + \alpha_3 X_t + \varepsilon_{dt}, \quad \alpha_1 < 0, \ \alpha_2 > 0, \ \alpha_3 > 0 \tag{8-16}$$
$$供給関数：Q_t = \beta_0 + \beta_1 P_t + \beta_2 Z_t + \varepsilon_{st}, \quad \beta_1 > 0, \ \beta_2 > 0 \tag{8-17}$$

　以上の考察から、ある構造方程式が識別可能となる必要条件を次のように導くことができます。

「当該方程式に含まれない外生変数の数が、その方程式に含まれる内生変数の数から 1 を引いた値以上であること」

　この条件は他の表し方もありますが、識別の次数条件と呼ばれています。これまでの〔モデル 1〕から〔モデル 4〕で、後者の数はすべて 1 です。一方、前者の数は〔モデル 1〕の需要関数では 0、供給関数では 1、〔モデル 2〕の両関数で 0、〔モデル 3〕の両関数で 1、〔モデル 4〕の需要関数で 1、供給関

数で 2 です。前者と後者の数が等しいときは丁度識別、前者の方が大きいときは過剰識別に当たります。

　ここまで、識別条件について説明してきました。すでに述べたように、この問題は誤差項の存在とは直接関係ありません。識別問題は、統計的な推測をする以前に、そもそも推定する構造方程式がどのようなモデルから導かれているのか、どのようなモデルの一部となっているかを考えておくことが重要であることを示しています。また、上記のすべてのモデルで、内生変数である価格が右辺に含まれているので推定上の問題も存在しているのですが、ここまでその点には触れませんでした。次項ではこの問題を扱います。

同時方程式モデルにおける個別方程式の推定

　今度はマクロ経済学における**同時方程式モデル**を考えます。以下のモデルは財市場だけに焦点を当てた最も簡単なマクロ経済モデルです。Y_t は実質GDP、C_t は実質民間消費、Z_t は実質民間消費以外の実質最終需要項目とします。(8-18) 式が消費関数、(8-19) 式が財市場の均衡条件であり、内生変数は Y_t と C_t で、Z_t は外生変数とします。また、ε_t は消費関数の誤差項で、民間消費に対する所得以外の影響を表しています。これらの式は構造方程式です。

$$C_t = \alpha_0 + \alpha_1 Y_t + \varepsilon_t \tag{8-18}$$

$$Y_t = C_t + Z_t \tag{8-19}$$

このモデルの誘導形は以下のようになります。

$$C_t = \frac{\alpha_0}{1-\alpha_1} + \frac{\alpha_1}{1-\alpha_1} Z_t + \frac{1}{1-\alpha_1} \varepsilon_t \tag{8-20}$$

$$Y_t = \frac{\alpha_0}{1-\alpha_1} + \frac{1}{1-\alpha_1} Z_t + \frac{1}{1-\alpha_1} \varepsilon_t \tag{8-21}$$

(8-21) 式から、消費関数の説明変数 Y_t と誤差項 ε_t は無相関ではないことがわかります。したがって、消費関数の係数の最小二乗推定量 $\hat{\alpha_1}$ は一致性を持ちません。

　第 7 章では、このように説明変数と誤差項が相関を持つときには操作変数法、あるいは二段階最小二乗法によって一致推定量が得られることを説明しま

した。操作変数法では適切な操作変数を選ぶことが必要ですが、モデル全体を明示的に示したこのケースでは、推定する式に含まれない外生変数、具体的には Z_t が操作変数の候補になります。改めて操作変数を探す必要はありません。また、前項で説明したように、このモデルにおける消費関数は丁度識別されます。丁度識別される場合、操作変数法、二段階最小二乗法、そして (8-20) 式あるいは (8-21) 式を最小二乗法で推定する間接最小二乗法の推定量は一致します。間接最小二乗法によって推定された誘導形パラメータから構造パラメータは一意に決まります。

　以上から、前項の識別の問題と、本項の推定の問題には関連があることがわかります。過剰識別の場合には二段階最小二乗法を用いることができますが、これらの推定方法は単純な最小二乗法も含めて誤差項に関して最も一般的な条件の下で推定が行われる GMM（一般化モーメント法）の特殊ケースとみなすことができます。また、モデル全体が明示されているときには、すべての式の係数を一度に推定するシステム推定によって、より効率的な推定を行うことができます。システム推計としては、SUR（見かけ上無関係な相関）、三段階最小二乗法などがあり、これらも GMM としてまとめることができます。これらの推定方法については計量経済学のテキストを参照してください[12]。

マクロ計量経済モデル

　入門レベルのマクロ経済学で紹介される前項の同時方程式モデルは、時系列データを用いて未知のパラメータを推定することで、反実仮想シミュレーションに用いることができます。α_0 と α_1 の推定値が得られれば、(8-20) 式と (8-21) 式を使って外生変数 Z_t の値が変化したときに、内生変数 C_t と Y_t がどのように変化するかを知ることができます。基礎となる理論は IS-LM モデルで、推定はマクロ時系列データを用いて行われるこのようなモデルは**マクロ計量経済モデル**と呼ばれ、戦後急速に開発が進みました。1950年代から1970年代にかけて、計算機の処理能力の向上とマクロ集計データの整備によってモデル

---

12) 誤差項の確率分布を明示した推定として、単一方程式の推定の場合は制限情報最尤法、システム推計の場合は完全情報最尤法があります。

は大型化していきます。つまり、モデルで説明される内生変数の数＝方程式の本数が増えていきます。当時の経済企画庁、日本銀行、民間や大学の研究所などで様々なモデルが開発されました。日本経済のモデルであれば100〜200本程度の方程式、各国のマクロ計量経済モデルをリンクした世界経済モデルでは1000本を超える大型のモデルを用いて、マクロ経済の予測や様々な政策シミュレーションが行われました。

　現在でもマクロ計量経済モデルを用いた分析は行われています。しかし、このようなモデルに対して1976年にルーカス[13]、1980年にシムズ[14]による批判が行われ、その後のマクロ経済分析はこの2人のノーベル賞経済学者の批判に応える形で発展していくことになります。ただし、2つの批判はその視点が大きく異なっています。**ルーカスの批判**はモデルを構成する方程式の性質とそれを用いた政策評価にかかわるもので、その後ミクロ的基礎を持つマクロ経済モデルの発展につながりました。ミクロ的基礎を持ち、定量的な分析を行う目的で構築されたモデルは、現在では DSGE（Dynamic Stochastic General Equilibrium）モデル[15]と総称されています。一方、**シムズの批判**はデータ分析としてのマクロ計量経済分析にかかわるもので、現在ではそれに応える形で VAR（vector autoregressive）モデルが政策評価に使われています。

　本書では、多くの無料、有料ソフトウェアで比較的簡単に分析が可能な VAR モデルについて、次節でやや詳しく説明します。

8.4　VAR モデルを用いた政策評価

定常時系列と非定常時系列

　最初に時系列データに関して定常性という重要な性質を説明します。時系列データは、時間順に並んだ確率変数の集合である確率過程から出現したとみな

---

13) Lucas, R. Jr. (1976) "Econometric Policy Evaluation: A Critique," *Carnegie-Rochester Conference Series on Public Policy*, 1(1), pp.19-46.

14) Sims, C. A. (1980) "Macroeconomics and Reality," *Econometrica*, 48(1), pp.1-48.

15) DSGE モデルについては、蓮見（2020）、北尾・砂川・山田（2018〜2020）を参照してください。

図 8 - 8　実質 GDP の系列

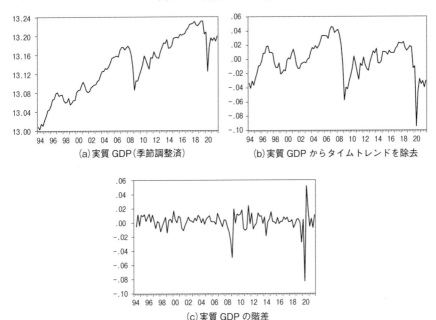

(a) 実質 GDP（季節調整済）

(b) 実質 GDP からタイムトレンドを除去

(c) 実質 GDP の階差

します。確率過程の**定常性**とは、大雑把に言えばどの時点をとっても確率変数
の期待値、分散が一定で、時点間の相関を示す自己共分散は時点の差の大きさ
のみに依存するということです[16]。

　図 8 - 8 (a) は日本の実質 GDP の季節調整済系列（四半期）の対数値です。
右肩上がりのグラフになっていて、各時点での期待値が徐々に大きくなってい
ることがわかります。この系列は定常性の条件を満たしていないように見えま
す。一方、図 8 - 8 (b) は実質 GDP の対数値をタイムトレンド（$t = 1$ のとき
に 1、$t = 2$ のときに 2、……をとる変数）に回帰してその残差をプロットし

---

16) 狭義の定常性は「n 個の観測値 $X(t_1), X(t_2), ..., X(t_n)$ の任意の組の同時分布が、すべて
　　の n と k に対して $X(t_1+k), X(t_2+k), ..., X(t_n+k)$ の同時分布と同じである」こと、弱
　　定常性（広義定常、共分散定常、2 次定常性）は「平均が一定で、自己共分散が時間差
　　（ラグ）だけに依存する」ことを意味します。正規分布の場合は、狭義の定常性と弱定
　　常性は同じことになります。

たものです。こちらは、各時点の期待値が一定に見えます。また、図 8 - 8 (c) は実質 GDP の対数値の階差（1 期前の値との差）をとったものです。こちらも各時点の期待値は一定に見えます。したがって図 8 - 8 (b) と図 8 - 8 (c) の系列は定常性の条件を満たしています。

　ここまでの説明は図を見て直感的に判断したものですが、ある系列が定常か非定常かを判断する厳密な方法は次節で紹介します。

自己回帰過程（AR〔autoregressive〕過程）

　代表的な確率過程の 1 つである**自己回帰（AR）過程**について説明します。変数 X_t が次のようにそれ自身の 1 期前の値 X_{t-1} と、それ自身定常な確率過程 ε_t（平均 0、分散 σ^2）で決まるとき、1 次の AR 過程に従うと言います。

$$X_t = \mu' + \alpha_1 X_{t-1} + \varepsilon_t \tag{8-22}$$

誤差項 ε_t は期待値 0、分散が一定で他の時点の誤差項と相関を持たない確率変数です[17]。この確率過程が定常であるための条件は $|\alpha_1| < 1$ です。この条件の下で、X_t の平均は $\mu'/(1-\alpha_1)$、分散は $\sigma^2/(1-\alpha_1^2)$、k 期離れた自己共分散は $\alpha_1^k \sigma^2/(1-\alpha_1^2)$ となり、定常性の条件を満たすことがわかります。

VAR モデルによるグレンジャー因果性の検証

　VAR モデルは 1 変数の AR モデルを複数の変数（ベクトルで表すことができる）に拡張したものです。p 次の 2 変数 VAR モデルは次のように表すことができます。

$$\begin{aligned} y_t &= a_{10} + a_{11}y_{t-1} + \cdots + a_{1p}y_{t-p} + b_{11}z_{t-1} + \cdots + b_{1p}z_{t-p} + e_{1t} \\ z_t &= a_{20} + a_{21}y_{t-1} + \cdots + a_{2p}y_{t-p} + b_{21}z_{t-1} + \cdots + b_{2p}z_{t-p} + e_{2t} \end{aligned} \tag{8-23}$$

誤差項が系列無相関であれば、通常の最小二乗法でパラメータの推定を行うことができます。このモデルを利用すると、以下で定義されるグレンジャー因果性を検証することができます。

17）時系列分析ではホワイトノイズと呼びます。

〔**グレンジャー因果性**〕（一般的定義）

　y_{t+n} の予測を行う際に、t 期で利用可能なすべての情報を用いて予測を行った場合の平均二乗誤差と、利用可能なすべての情報からある変数 z_t に関する情報を除いた残りの情報を用いて予測を行った場合の平均二乗誤差が等しい場合、グレンジャーの意味で z_t から y_t への因果関係がないと言う。

グレンジャー因果性が存在しないための必要十分条件は、以下の式で表すことができます。

$$b_{1k} = 0, \quad k = 1, 2, ..., p \tag{8-24}$$

第2章で複数の係数に関する仮説検定について説明していますが、ここでも個々の方程式について制約ありの推定と制約なしの推定を行って残差平方和を比較する F 検定を行えば、グレンジャー因果性の有無を検証することができます。

　このグレンジャー因果性が確認されると、ある変数の過去の値が別の変数の予測に役立っているということはわかるわけですが、それは第7章で説明された因果推論の内容とはかなり意味合いが違います。天気予報の降水確率は翌日雨が降るかどうかの予測には役立ちますが、高い降水確率は雨が降る「原因」ではありません。この点については、西山他（2019）の第12章に詳しい説明がありますので、そちらを参照してください。

　また、実際に分析を行うと両方向の因果が確認されたり、推定期間やラグの次数によって結果が変わったりすることも多いのですが、分析が簡単ですので変数間の関係を見る予備的な分析としては有用です[18]。

VARモデルにおける構造ショックの識別

　グレンジャー因果性の検定は、その意味を理解して慎重な解釈を行えば、政策分析に利用することもできます。ただし、見出せるのは変数間の影響の方向性だけです。VARモデルを用いた政策効果の分析では、インパルス応答関数

18）VARモデルに含まれる変数が非定常時系列の場合、F 検定は有効ではないという問題もあります。非定常時系列に関する注意は次節で行います。

の導出や分散分解といった手法が使われます。これらの手法では、ある変数が政策変数とみなせるときに、その変数に固有のショックが時間の経過とともにどのように影響するのかを見ていくことができます。その変数に固有のショックとは、他の変数のショックとは相関していないショックということになります。

次の (8-25) 式はラグの次数が 1 の 2 変数 VAR モデルですが、(8-23) 式とは異なり、右辺に同時点の変数が含まれています。

$$
\begin{aligned}
y_t &= b_{10} - b_{12}z_t + \gamma_{11}y_{t-1} + \gamma_{12}z_{t-1} + \varepsilon_{yt} \\
z_t &= b_{20} - b_{21}y_t + \gamma_{21}y_{t-1} + \gamma_{22}z_{t-1} + \varepsilon_{zt}
\end{aligned}
\tag{8-25}
$$

ここで、以下の仮定を置きます。

〔仮定 1〕 $\varepsilon_{yt}, \varepsilon_{zt}$ は、分散がそれぞれ σ_y^2, σ_z^2 のホワイトノイズ
〔仮定 2〕 $\{\varepsilon_{yt}\}$ と $\{\varepsilon_{zt}\}$ は互いに無相関

前節で説明したように、内生変数について解くことで、このモデルの誘導形は次のようになります。

$$
\begin{aligned}
y_t &= a_{10} + a_{11}y_{t-1} + a_{12}z_{t-1} + e_{1t} \\
z_t &= a_{20} + a_{21}y_{t-1} + a_{22}z_{t-1} + e_{2t}
\end{aligned}
\tag{8-26}
$$

誘導形モデルの誤差項 e_{1t}, e_{2t} は平均 0、分散一定で系列無相関ですが、$b_{12} = b_{21} = 0$ でない限り共分散は 0 ではありません。また、VAR モデルの定常性の条件は、AR モデルのときとは異なりやや複雑になります[19]。なお、誘導形の分散共分散行列は以下のように表すことにします。

$$
\Sigma = \begin{bmatrix} Var(e_{1t}) & Cov(e_{1t}, e_{2t}) \\ Cov(e_{1t}, e_{2t}) & Var(e_{2t}) \end{bmatrix} = \begin{bmatrix} \sigma_1^2 & \sigma_{12} \\ \sigma_{12} & \sigma_2^2 \end{bmatrix}
\tag{8-27}
$$

VAR モデルでは (8-25) 式の構造形ではなく (8-26) 式の誘導形で推定が行われ

---

19) 2 変量 VAR モデルの安定性の条件については、章末に示した時系列分析のテキストを参照してください。

ます。(8-26)式の右辺に含まれるラグ変数は外生変数ではなく、先決変数と呼ばれますが、誘導形の誤差項がそれ自身の過去の値と相関がないので、誤差項と説明変数は相関しません。最小二乗法による推定で一致推定量を得ることができます。

ここで、VARモデルと前節で説明した同時方程式モデル、特にマクロ計量経済モデルの違いを確認しておきます。VARモデルの構造形、つまり(8-25)式はどちらの式にもモデルに登場するすべての変数が含まれています。したがって、個々の方程式は識別可能ではありません。マクロ計量経済モデルもこのような構造形からスタートして、識別のための制約、ほとんどの場合は係数の0制約、つまりある方程式からある変数を除外するということで識別が可能になっています。しかし、実際のマクロ計量経済モデルは大型化するとともに外生変数の数も増えていくので、ある方程式に含まれない外生変数の数は識別に必要な数をはるかに上回っています。シムズはこの制約の多さが恣意的であり、incredible と批判しています。VARモデルによる政策評価は、外生変数自体の変化に内生変数がどう反応するかを見るのではなく、ある変数に固有のショックがシステムを通して他の変数にどのように伝わっていくのかを見ていきます。そのためには、推定された誘導形の誤差項から構造形の誤差項（これが各変数に固有のショックです）を導くことが必要です。

具体的に説明します。いま、(8-25)式の構造形は10個のパラメータ（8個の係数と2個の誤差項の分散）を含んでいます。一方、(8-26)式の誘導形を推定することで得られるパラメータは9個（6個の係数、2個の分散、1個の共分散）しかありません。したがって、(8-25)式のパラメータに1つの制約を課すと、構造パラメータはちょうど識別されることになります。

(8-25)式で、$b_{21}=0$ という制約を課します。この制約は、z_t は y_t に対して瞬時に（同じ時点で）影響を与えるが、y_t は z_t の系列に対してラグをもって影響を与えるということを意味しています。まったく制約のないモデルに最小限の制約を課した構造形は次のようになります。

$$y_t = b_{10} - b_{12}z_t + \gamma_{11}y_{t-1} + \gamma_{12}z_{t-1} + \varepsilon_{yt}$$
$$z_t = b_{20} + \gamma_{21}y_{t-1} + \gamma_{22}z_{t-1} + \varepsilon_{zt}$$

$$(8\text{-}28)$$

誘導形は次のように表すことができます。

$$\begin{bmatrix} y_t \\ z_t \end{bmatrix} = \begin{bmatrix} b_{10} - b_{12}b_{20} \\ b_{20} \end{bmatrix} + \begin{bmatrix} \gamma_{11} - b_{12}\gamma_{21} & \gamma_{12} - b_{12}\gamma_{22} \\ \gamma_{21} & \gamma_{22} \end{bmatrix} \begin{bmatrix} y_{t-1} \\ z_{t-1} \end{bmatrix} + \begin{bmatrix} \varepsilon_{yt} - b_{12}\varepsilon_{zt} \\ \varepsilon_{zt} \end{bmatrix} \quad (8\text{-}29)$$

ここで、誘導形パラメータと構造パラメータの間に次の9本の式が成立するので、構造パラメータをすべて求めることができ、かつ、構造形のショック $\{\varepsilon_{yt}\}, \{\varepsilon_{zt}\}$ を復元することもできます。

$$a_{10} = b_{10} - b_{12}b_{20}, \quad a_{11} = \gamma_{11} - b_{12}\gamma_{21}, \quad a_{12} = \gamma_{12} - b_{12}\gamma_{22}$$

$$a_{20} = b_{20}, \quad a_{21} = \gamma_{21}, \quad a_{22} = \gamma_{22}$$

$$Var(e_1) = \sigma_y^2 + b_{12}^2\sigma_z^2, \quad Var(e_2) = \sigma_z^2, \quad Cov(e_1, e_2) = -b_{12}\sigma_z^2$$

インパルス応答関数と分散分解

VAR モデルで、ある変数に関する構造ショックが識別できると、そのショックが他の変数にどのように伝わっていくかを示すことができます[20]。ショックの累積的な影響は時系列で示され、**インパルス応答関数**と呼ばれています。また、各変数の予測誤差の分散を自身の構造ショックによる部分と、他の変数にかかわる構造ショックによる部分に分解することもできます。この分解は**分散分解**と呼ばれています。VAR モデルの推定からインパルス応答関数や分散分解を示す一連の分析の詳細は、沖本（2010）、Enders（2014）を参照してください。

なお、すでに述べたような $b_{21} = 0$ という制約（**コレスキー分解**）を課すことは、変数間の「順序付け」を意味します。

$$e_{1t} = \varepsilon_{yt} - b_{12}\varepsilon_{zt}$$

$$e_{2t} = \varepsilon_{zt}$$

となるので、z の構造ショック ε_{zt} は z と y の双方に瞬時的な影響を与えますが、y の構造ショック ε_{yt} は z に瞬時的な影響は与えません。したがって、z

---

20）(8-25)式の誤差項に関してインパルス応答関数の導出や分散分解を行うこともできます。詳細は沖本（2010）第4章を参照してください。

図8-9　4変数 VAR モデルのインパルス応答関数

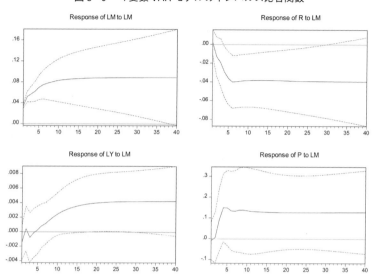

はyに「先行」します。この変数の「順序付け」をどうするかということが問題になりますが、そこでは経済理論や制度の知識を利用することになります。ただし、誘導形ショック e_{1t}, e_{2t} の相関係数が小さな値であれば「順序付け」は深刻な問題にはなりません。実際には、順序を入れ替えたことによって結果がどのくらい影響を受けるかを確認することが必要です。

VAR モデルの実例

　最後にマクロ時系列データを用いた VAR モデルの分析例を紹介します[21]。用いる変数は次の4変数です。

- 実質 GDP 季節調整済四半期系列対数値（データ出所：内閣府）LY
- 総合消費者物価指数（データ出所：総務庁）P
- 国内銀行貸出約定平均金利（データ出所：日本銀行）R

21）以下のモデルは、内閣府（2021）の付注2-1のモデルを参考にしています。

● マネタリーベース平均残高対数値（データ出所：日本銀行）LM

推定期間は2000年第1四半期から2021年第4四半期、ラグの次数は4としました。変数の順序は、$LM \rightarrow R \rightarrow LY \rightarrow P$ です[22]。

図8-9を見ると、マネタリーベースへのプラスのショックで利子率の低下が5期くらいで完了、その後実質GDPが比較的ゆっくり上昇します。物価は早く反応しますが、2標準偏差のバンドが0を含んでいるので有意な結果とは言えません。この時期の金融緩和は長期金利の低下を通してGDPを拡大させましたが、物価の押し上げには成功していないという解釈になります。

8.5　時系列データを用いた場合の注意点

8.4節では、最初に時系列分析における定常性の説明をしました。そのあとVARモデルの説明の際には定常性についてはほとんど触れませんでした。本節ではまず、非定常過程に関する注意点を説明します。次いで、定常過程かどうかを判断する単位根検定について述べます。最後に、時系列データを利用する場合のその他の注意点を述べます。

非定常過程

非定常過程は一般にトレンドを持ちます。そのトレンドは確定トレンドと確率トレンドに分類できますが、特に確率トレンドを持つ非定常過程は階差をとることによって定常過程に変換できます（図8-8を参照してください）。

非定常過程が、d回の階差をとることによって定常過程になるとき、その系列は次数dの和分過程であると呼ばれ、$X_t \sim I(d)$ で表されます。多くの経済時系列データは1あるいは2の和分の次数を持っていますが、そのような変数を用いて回帰分析を行うと、以下の問題が発生します。

---

22) 最も自律度が高い変数は政策変数であるマネタリーベースとして、そのショックがLM曲線を右にシフトさせ長期金利が低下すると同時に実質GDPが上昇、AD曲線が右にシフトして物価も上昇という入門レベルのマクロ経済モデルを基礎としました。

〔見せかけの回帰（spurious regression）〕

$X_t \sim I(1)$, $Y_t \sim I(1)$ で互いに独立のとき、$Y_t = \alpha + \beta X_t + \varepsilon_t$ を推計すると、高い決定係数が得られ、帰無仮説 $\beta = 0$ が棄却されやすくなる。

つまり、2つの変数は本来は関係がないにもかかわらず、強い関係が検出されてしまうということです。この見せかけの回帰は深刻な問題ですが、変数が $I(1)$ であっても次のケースは問題ありません。

⑴ 共和分（cointegration）

一般には、$X_t \sim I(1)$, $Y_t \sim I(1)$ のときには、その1次結合も次数1の和分過程である。しかし、例えば $Y_t - \alpha - \beta X_t = \varepsilon_t \sim I(0)$ となる場合がある。このとき、Y_t と X_t は**共和分**であると言う。

Y_t と X_t が共和分しているとき、$Y_t = \alpha + \beta X_t$ は長期の安定的な関係であると解釈できる。逆に、$Y_t - \alpha - \beta X_t = \varepsilon_t \sim I(1)$ であれば、誤差項はいつ0に戻ってくるかわからない不安定な動きをするので、回帰式は安定的な関係とは言えなくなる。なお、Y_t と X_t が共和分するには、両変数の和分の次数は同じでなければならない。

⑵ 説明変数にラグ変数を含める

説明変数に被説明変数か説明変数のラグ変数（両方でもよい）を含む場合は、見せかけの回帰を気にする必要がない。したがって、VARモデルに用いる変数に非定常過程が含まれていても問題はない。

＊　　　　　＊　　　　　＊

以上の説明から、時系列データについては和分の次数を確定させることが重要なことがわかります。

単位根の検定

階差をとると定常になる過程は**単位根過程**とも呼ばれます。最も単純な1次のARモデルのケースで説明しましょう。先の(8-22)式を使います。

$$X_t = \mu' + \alpha_1 X_{t-1} + \varepsilon_t \qquad (8\text{-}22)$$

ここで、$\alpha_1 = 1$ の場合が単位根過程です。階差をとると

$$X_t - X_{t-1} = \Delta X_t = \mu' + \varepsilon_t \qquad (8\text{-}30)$$

となります。ΔX_t は定常過程なので、$X_t \sim I(1)$ です。**単位根の検定**はまず以下の式を推定します。

$$\Delta X_t = \mu' + (\alpha_1 - 1) X_{t-1} + \varepsilon_t \qquad (8\text{-}31)$$

帰無仮説は $\alpha_1 = 1$ で、X_{t-1} の係数が 0 と有意に異なるかどうかを見ればよいのですが、このときの検定統計量は通常の t 分布には従わないので、有意かどうかの判断には注意が必要です。このときに行う検定が **Dickey-Fuller 検定**です。また、この検定が有効であるためには残差が系列無相関であることが必要です。したがって、残差が系列的に無相関になるまで ΔX_t のラグ付きの値を含めた、拡張された **Augmented Dickey-Fuller 検定**（ADF 検定）が行われることが一般的です。

　単位根検定によって和分の次数が決まると、同じ和分の次数の 2 つ以上の変数の間に共和分関係があるかどうかを検定することができます。検定方法は、エングル＝グレンジャーの方法とヨハンセンの方法があります。共和分関係が検出された場合は、階差モデルを**誤差修正モデル**として特定化できます。VAR モデルの場合はベクトル誤差修正モデルになります。

　現在利用できる多くのパッケージで、ここまで説明してきた時系列分析は簡単に実行できます。ただし、単位根検定などの検定方法は ADF 検定以外にもたくさんあり、また、分析者が決めなければならないことも非常にたくさんありますので、手法について詳しく知っておくことが必要です。詳細は沖本（2010）、Enders（2014）を参照してください。

参考文献

沖本竜義（2010）『経済・ファイナンスデータの計量時系列分析』朝倉書店。

金本良嗣・中村良平・矢澤則彦（1989）「ヘドニック・アプローチによる環境の価値の測定」『環境科学会誌』第2巻第4号、251-266頁。

唐渡広志（2016）「ヘドニック・アプローチを利用した不動産価格指数の推定方法とその問題点」『都市住宅学会』第92号、17-20頁。

北尾早霧・砂川武貴・山田知明（2018〜2020）「定量的マクロ経済学と数値計算」『経済セミナー』No.705〜No.712、日本評論社。

国土交通省（2009）「仮想的市場評価法（CVM）適用の指針」(https://www.mlit.go.jp/tec/h youka/public/090713/cvmshishin/cvmshishin090713.pdf)。

清水千弘（2016）「ヘドニック・アプローチを利用した環境価値の計測」『都市住宅学』第92号、12-16頁。

照井伸彦・佐藤忠彦（2013）『現代マーケティング・リサーチ：市場を読み解くデータ分析』有斐閣。

内閣府（2021）『令和3年版 経済財政白書』日経印刷。

長峯純一（2014）『費用対効果』ミネルヴァ書房。

西山慶彦・新谷元嗣・川口大司・奥井亮（2019）『計量経済学（New Liberal Arts Selection）』有斐閣。

蓮見亮（2020）『動学マクロ経済学へのいざない』日本評論社。

肥田野登〔編著〕（1999）『環境と行政の経済評価：CVM（仮想市場法）マニュアル』勁草書房。

Enders, W.（2014）*Applied Econometric Time Series*, 4th edition, John Wiley & Sons.（新谷元嗣・藪友良〔訳〕〔2019〕『実証のための計量時系列分析』有斐閣）

● 索 引

英 字

Anaconda 169
ASEAN 105
──Statistics Division 105
Augmented Dickey-Fuller 検定 226
BLUE 65
CNEF 112
cross-sectional weight 151
Dickey-Fuller 検定 226
EASS 108
EBPM 17
ECHP 109
e-Stat 103
Eu 105
Eurostat 105
EU-SILC 109
F 分布 53
General Data Protection Regulation 117
Google Colaboratory 169
gretl 155
GUI 形式 156
Heckman の二段階推定 94
IMRAD 形式 27
ISFJ (日本政策学生会議) 7, 18
JGSS 108
JHPS/KHPS 108
JHPS-CPS 108
JLPS 107

JPSC 108
longitudinal weight 151
NLS 109
OECD.Stat 105
OLS 47
PSID 109
Python 155
R 155
RESAS 104
Rstudio 166
SSJDA 106
Stata 155
t 値 55
t 分布 53
VAR モデル 58, 218
World Bank 106
──Open Data 106

ア 行

アンバランス・パネルデータ 141
異常値 145
一次統計 99
一般化線形モデル 61
移動平均 149
因果関係 101
因果推論 176
インパルス応答関数 222
受入補償額 201
演繹的 5

横断面ウェイト　151
横断面データ　100

カ 行

階級　130
　　──値　130
階差　102
回収率　125
外生変数　67
回答率　125
カイ二乗分布　53
確率分布　51
確率変数　51
過剰識別　213
仮説検定　53
仮想評価法　201
カテゴリー変数　123
間隔尺度　123
間接最小二乗法　211
記述統計　51
　　──量　133
季節調整　148
帰納的　5
規範的分析　2
基本統計量　133
逆ミルズ比　92
共和分　225
寄与度　137
寄与率　138
クラスター抽出法　121
クリーニング　143
繰り返し横断面データ　101
グレンジャー因果性　219
クロス集計　135
　　──表　135
クロスセクションデータ　42
クロス表　135
傾向スコア　193
　　──マッチング　194
継続回答率　126
系統抽出法　121
系列相関　66
欠損値　146

決定係数　64
欠落変数　57
　　──バイアス　66
限界効果　81
構成比　137
構造形　211
交絡変数　45
コーディング　143
コードブック　143
誤差項　59
誤差修正モデル　226
個人情報の保護に関する法律　117
固定効果モデル　58, 187
古典的回帰モデルの仮定　65
個票データ　98
個別指数　138
コレスキー分解　222
コンジョイント分析　206

サ 行

最小二乗法　47
最頻値　132
最尤法　80
最良線形不偏推定量　65
差分の差分法　178, 189
残差　48
算術平均　132
散布図　51, 136
サンプル　52
　　──サイズ　134
　　──数　134
　　──セレクションバイアス　92, 98
　　──セレクションモデル　94
識別問題　210
時系列ウェイト　151
時系列データ　42, 100
時系列分析　57
自己回帰過程　218
自己回帰モデル　58
事実解明的分析　2
指数　138
実質化　147
実質値　147

質的データ 43
質的変数 123
支払意思額 201
シムズの批判 216
重回帰分析 49
集計データ 99
従属変数 47
順位尺度 123
順位相関 46
順序尺度 123
順序プロビットモデル 58, 85
順序ロジットモデル 85
条件付き期待値 75
上昇率 137
推測統計 51
推定 53
スクリプト形式 156
正規分布 53
正の相関 136
政府統計の総合窓口 103
説明変数 47
セミマクロデータ 99
前期比増減率 137
線形確率モデル 75
潜在変数 79
全数調査 98
層化抽出法 121
層化二段無作為抽出法 121
相加平均 132
増加率 137
相関 44
　　——係数 136
増減率 137
総合化指数 138
操作変数 68, 182
　　——法 178, 182
相対度数 130

タ 行

ダービン＝ワトソン検定 66
第一義統計 99
対数変換 147
第二義統計 99

多項プロビットモデル 88
多項ロジットモデル 58, 88
多重共線性 57, 68
多段抽出法 121
ダミー変数 68, 123
単位根過程 225
単位根検定 226
単回帰分析 49
単純集計 135
　　——表 135
単純無作為抽出法 120
弾性値 148
弾力性 147
地域経済分析システム 104
中位数 132
中央値 51, 132
中心極限定理 52
調整済み決定係数 64
丁度識別 213
重複値 146
定常性 217
データサイエンス 2
データセットの接続・統合 150
データベース 139
同時決定バイアス 67
同時方程式体系 57
同時方程式モデル 214
トービットモデル 58, 91
独立変数 47
度数 130
　　——分布表 130
トレンド 190

ナ 行

内生性 67, 182
内生変数 67
生データ 130
並数 132
二項選択モデル 57
二項分布 52
二項変数 123
二次統計 100
二段階最小二乗法 68

二値変数　123

ハ　行

パーシェ型物価指数　139
外れ値　46, 132, 145
パネルデータ　42, 101, 185
　　——分析　178, 185
バランス・パネルデータ　141
非該当　146
ヒストグラム　51, 131
被説明変数　47
非定常過程　224
標準化　54
標準正規分布　54
標準偏差　51, 133
費用便益分析　200
標本　52, 98
　　——調査　98
比例尺度　123
プーリングモデル　58
負の相関　136
ブロイシュ＝ペーガン検定　65
プロビットモデル　57, 81
分散　51, 132
　　——不均一性　57, 65
分散分解　222
平均　51
　　——値　132
　　——の差の検定　53
平行トレンド仮定　192
ヘキットモデル　58, 94
ヘドニック法　204
変化率　137
変動係数　51
変量効果モデル　58, 188
ポアソン分布　53
母集団　52, 98
ホワイトの検定　65

マ　行

マクロ計量経済モデル　215
マクロデータ　99
マッチング　178, 192
ミクロ計量経済学　57
ミクロデータ　99
見せかけの回帰　225
見せかけの相関　45
無回答　145
無関係な選択肢からの独立　88
無作為抽出　120
　　——法　120
無相関　136
名義尺度　123
名目値　147
問題意識　22

ヤ　行

有効回収率　125
有効回答率　125
尤度　80
誘導形　211

ラ　行

ラスパイレス型物価指数　139
ラベリング　143
ランダムサンプリング　98, 120
リサーチクエスチョン　22
離散変数　123
量的データ　43
量的変数　122
累積相対度数　130
累積度数　130
ルーカスの批判　216
連続回収率　126
連続変数　123
ロジスティック分布　81
ロジットモデル　57, 81

● 著者紹介

千田亮吉（ちだ・りょうきち）

明治大学商学部教授。序章、第 3 章、第 8 章執筆。

加藤久和（かとう・ひさかず）

明治大学政治経済学部教授。序章、第 1 章、第 2 章執筆。

本田圭市郎（ほんだ・けいいちろう）

熊本県立大学総合管理学部准教授。第 6 章、第 7 章、第 8 章執筆。

萩原里紗（はぎわら・りさ）

明海大学経済学部准教授。第 4 章、第 5 章執筆。

だいがくせい　　　　　　　　　けいざいがく　　じっしょうぶんせき
大学生のための経済学の実証分析

● ─────2023年2月5日　第1版第1刷発行

著　者──千田亮吉・加藤久和・本田圭市郎・萩原里紗
発行所──株式会社　日本評論社
　　　　　〒170-8474　東京都豊島区南大塚3-12-4　振替：00100-3-16
　　　　　電話：03-3987-8621（販売）　03-3987-8595（編集）
　　　　　https://www.nippyo.co.jp/
印刷所──精文堂印刷株式会社
製本所──井上製本所
装　幀──山崎デザイン事務所
検印省略　© CHIDA Ryokichi, KATO Hisakazu, HONDA Keiichiro, HAGIWARA Risa, 2023
Printed in Japan
ISBN 978-4-535-55999-8